AF356530

ASSEMBLÉE PROVINCIALE

DE PROVENCE

(1889)

10218

S. 94680

COMPTE-RENDU

DE

L'ASSEMBLÉE PROVINCIALE

DE PROVENCE

Tenue à Aix les 11 et 12 Mai 1889

A L'OCCASION DU

CENTENAIRE DE 1789

MARSEILLE

IMPRIMERIE MARSEILLAISE

39, Rue Sainte, 39

1890

AVANT-PROPOS

*L*e mouvement auquel se rattache l'Assemblée provinciale de Provence a causé dans le monde un certain émoi. Ces réunions à base organique, avec leurs catégories distinctes, présentaient, en effet, un spectacle assez nouveau ou, pour mieux dire, assez oublié. Elles n'étaient ni des assemblées religieuses, ni des rendez-vous électoraux, ni des congrès d'études sociales; leur composition marquait le retour d'une forme sortie des conceptions comme des usages, et qui ne pouvait renaître sans étonner ni détonner quelque peu.

L'idée fondamentale de ce mouvement n'en est pas moins naturelle et facile à saisir : c'est que la société est un assemblage d'organes et qu'il faut la prendre comme elle est.

La religion doit tout inspirer et le pouvoir tout protéger; mais ni l'une ni l'autre ne tiennent lieu de ce qu'ils inspirent et protègent. La vie propre de l'être social est impossible sans le groupement des hommes suivant la communauté de leurs intérêts et la similitude des fonctions qu'ils exercent.

Au surplus, l'Eglise et l'Etat ne sauraient donner à leur action propre toute l'efficacité nécessaire, s'ils agissent sur une société désorganisée. Ni le trône ni l'autel ne peuvent se maintenir en l'air.

Au premier point de vue, les promoteurs du mouvement du Centenaire ont donc accompli une œuvre utile. Si, d'autre part, ils se montrèrent indifférents, ce n'est pas, comme on l'a dit, à l'égard de la cause religieuse ou de la cause politique, mais à l'égard d'une manière trop artificielle de les servir ; ils pensèrent qu'un retour dans ces deux ordres ne peut se produire, avec quelque chance de succès et surtout de durée, sans une action simultanée dans l'état social. Et c'est dans cet esprit qu'ils ont fait des assemblées de 1889 une manifestation de groupes plutôt que d'individus et leur ont donné pour programme l'expression de vœux plutôt que de protestations.

Cette ligne de conduite était d'ailleurs tracée par la circonstance qui en fournit l'occasion.

Que fut la Révolution, dont on fêtait le centenaire, si ce n'est un mouvement opéré dans l'organisation même des classes ? Son œuvre religieuse et politique ne fut-elle pas longuement préparée par la rupture des liens sociaux ? Et le secret des instabilités de notre époque ne serait-il pas dans l'absence de ce point d'appui nécessaire ?

Travailler à renouer ces liens suivant les besoins du temps, c'était, dès lors, combattre la Révolution dans son principe ; et l'idée de réunir les différents groupes d'intérêts dans le but de rédiger à nouveau le cahier de leurs vœux était marquée par les évènements comme le premier pas dans cette voie.

Mais il est une raison d'être plus sérieuse encore à l'œuvre du Centenaire : c'est l'existence même du courant de réorganisation. On commence à se tourner vers les réalités sociales ; et l'on y cherche le germe des mouvements futurs.

Les assemblées de 1889 sont allées au-devant de ce courant nouveau. En réunissant les groupes naturels sur la base naturelle aussi de la vie provinciale, elles leur ont fourni un des instruments les plus utiles pour fortifier leur vie, multiplier leur nombre et marquer enfin leur place dans la vie publique. En leur donnant un programme vraiment social, elles ont indiqué le chemin que ces groupes doivent suivre en vue de l'avenir.

Il reste maintenant à continuer le labeur entrepris. L'Œuvre des Cercles, qui fut l'inspiratrice du mouvement de 1889, est, en ce qui la concerne, prête à le poursuivre, car il n'est autre chose que l'extension et le complément de sa tâche de tous les jours.

ASSEMBLÉE PROVINCIALE

DE PROVENCE

Tenue à Aix les Samedi 11 et Dimanche 12 Mai 1789

A L'OCCASION DU

CENTENAIRE DE 1789

PRÉLIMINAIRES

ASSEMBLÉE PROVINCIALE

DE PROVENCE

Tenue à Aix, les Samedi 11 et Dimanche 12 Mai 1889

A L'OCCASION DU CENTENAIRE DE 1789

PRÉLIMINAIRES

A pensée primitive du mouvement entrepris en Provence à l'occasion du Centenaire de 1789 remonte aux derniers mois de l'année 1888.

A cette époque, fut tenue l'Assemblée de Romans dont on n'a pas oublié l'importance et l'éclat. Née dans des circonstances particulières au Dauphiné, cette assemblée s'annonça d'abord comme un événement local; mais elle prit, sous l'inspiration du marquis de La Tour-du-Pin Chambly et grâce à la parole du comte de Mun, les caractères d'une manifestation plus vaste et qui devait, comme celle dont on célébrait le souvenir, donner un exemple bientôt suivi.

C'est qu'en effet, chacune des provinces de France avait les mêmes raisons que le Dauphiné, pour ne point considérer comme indifférente la date de 1789. Chacune ayant à souffrir du régime social issu de la Révolution, elles ne pouvaient entendre patiemment les louanges intéressées dont les bénéficiaires de ce régime prétendaient remplir l'année du Centenaire.

En 1789, la Provence s'était jetée avec ardeur dans le courant des idées nouvelles, croyant trouver un âge d'or dans leur application; elle avait même, avec Mirabeau, pris un rôle important dans la Révolution française.

En 1889, la Provence se devait donc à elle-même de faire un examen de conscience et de voir comment l'expérience de tout un siècle avait répondu à son élan d'autrefois.

Voilà ce que pensèrent un groupe d'hommes appartenant à la province soit par les traditions de leurs familles, soit par leur établissement actuel.

Après s'être réunis plusieurs fois à Aix, dans le courant du mois de janvier 1889, ils s'assurèrent le concours ou l'adhésion d'un grand nombre de descendants des membres de ces États et de quelques-unes des notabilités du pays; puis ils lancèrent l'appel suivant :

Aix-en-Provence, le 25 Mars 1889.

Monsieur,

L'année 1789, dont on va célébrer le centenaire, est le point de départ d'une ère nouvelle dans l'état de notre pays.

Il y a cent ans, l'ordre social était troublé par de graves abus. Le Roi fit appel au pays et lui demanda de se prononcer, en pleine indépendance, sur les réformes dont il avait besoin. C'est de ce mouvement qu'est sortie la société contemporaine.

Mais voici qu'après un siècle d'expérience, des plaintes et des vœux s'élèvent de toutes parts; il se produit une immense réaction contre l'état d'individualisme, la centralisation excessive et l'athéisme officiel qui sont les caractères de notre époque, et sur le terrain de la religion, de l'enseignement, de l'administration, du travail agricole ou industriel, des revendications nombreuses se posent avec une intensité toujours croissante.

Le moment est venu de les affirmer avec éclat et le centenaire de 1789 offre, dans ce but, une solennelle occasion.

La manifestation la plus convenable à cette date fameuse n'est pas de la glorifier ou de l'attaquer sans examen. Il est plus utile et plus loyal de renouveler, par une vaste enquête, l'œuvre entreprise en 1789 et de demander à tous ceux qui représentent les intérêts du pays d'émettre, comme autrefois, leurs vœux et doléances.

Cette consultation générale se produit dans la France entière; mais elle a sa raison d'être surtout dans la région provençale, à cause de la part importante qu'elle prit à la Révolution. Ce fut aux Etats de Provence, tenus en 1788 et 1789, que Mirabeau proclama les principes de l'ordre nouveau et donna, pour ainsi dire, le signal de la Révolution.

Il nous appartient donc d'élever la voix à notre tour et d'examiner si la Révolution n'a pas dépassé le but en partant d'une fausse doctrine.

Nous avons l'honneur, Monsieur, de vous annoncer qu'une assemblée sera tenue à Aix les samedi 11 et dimanche 12 mai 1889, pour célébrer, de cette manière efficace, l'anniversaire des Etats de Provence (1).

A cette assemblée seront conviés, avec les descendants et successeurs des membres des Etats de Provence, dont la place y est naturellement marquée, les représentants de groupes

---

(1) L'Assemblée, fixée d'abord aux 4 et 5 mai, dut être retardé par suite de la coïncidence de ces dates avec les fêtes officielles du Centenaire.

organisés déjà ou réunis pour la circonstance dans les catégories suivantes d'intérêts sociaux :

I. — LES INTÉRÊTS RELIGIEUX ET MORAUX. — Religion. — Enseignement. — Mœurs et Assistance.

II. — LES INTÉRÊTS PUBLICS. — Administration et Finances. — Justice. Armée et Marine.

III. — LES INTÉRÊTS INDUSTRIELS ET COMMERCIAUX. — Industrie (Grande Industrie et Arts-et-Métiers). — Commerce (Grand Commerce et Commerce en Magasin).

IV. — LES INTÉRÊTS AGRICOLES ET RURAUX.

On examinera, suivant cet ordre, quel est, de nos jours, l'état social de notre pays, et cette constatation de faits, dressée par les groupes compétents, permettra d'établir les vœux de la Provence en 1889.

Tel est, dans ses grandes lignes, le programme de l'assemblée. Cette manifestation des forces sociales s'accomplira, en dehors de tout esprit de parti, sur le terrain des intérêts. Elle aura pour effet de fixer les idées des hommes sincères sur l'état actuel et de leur montrer la ligne de conduite qu'ils doivent suivre, non pour retourner en arrière, mais pour atteindre cette combinaison des principes fondamentaux de tout ordre et des conditions nouvelles de notre temps qui doit caractériser la société du XX⁰ siècle.

Nous espérons, Monsieur, que vous voudrez bien donner votre adhésion à l'assemblée ; nous vous prions de nous faire savoir si nous pouvons, sans engagement de votre part, compter sur votre présence.

De plus, afin que les délibérations soient préparées avec compétence, une enquête, ayant pour base la division indiquée précédemment, sera organisée sur tous les points de la province. — Nous vous adresserons prochainement le questionnaire relatif à votre groupe, en même temps que les explications nécessaires.

Veuillez agréer, Monsieur, l'assurance de nos sentiments les plus dévoués.

C. Aninard, avocat à la Cour d'appel d'Aix ; — Bagarry, maire de Brignoles, conseiller général du Var ;— Abbé Barnave, ancien élève de l'Ecole Normale supérieure, directeur de l'Ecole Salvien à Marseille ; — Cᵗᵉ Hélion de Barrême ; — Henri Beaulieu, avocat à Nice ; — Henry Bergasse, armateur, ancien membre de la Chambre de Commerce de Marseille ; — R. Beuf, docteur en médecine, à Valensole ; — Duc de Blacas d'Aulps ; — Mⁱˢ de Boisgelin ; — H. Boissard, ancien procureur général ; — L. de Bresc, conseiller général du Var ; — F. Cantel, ancien premier président à la Cour d'appel de Dijon ; — Mⁱˢ J. de Castellane, ancien préfet ; — Paul Cortez, Fernand Cortez, propriétaires à Saint-Maximin ; — G. Décugis, propriétaire à Ollioules ; — Mⁱˢ Dedons de Pierrefeu ; — Mⁱˢ de Demandolx-Dedons ; — Cᵗᵉ de Drée ; — Eugène Durand, propriétaire à Marseille : — E. d'Ermitanis, avocat ; — Vᵗᵉ d'Estienne de Saint-Jean ; — E. Faudon, ancien magistrat ; — Mⁱˢ de Félix du Muy ; — Bᵒⁿ de Fonscolombe-la-Mole ; — F. Fournier, industriel, membre de la Chambre de Commerce de Marseille ; — L. Garnier, propriétaire à Saint-Maximin ; — De Gassier ; — Bᵒⁿ de Gombert, président du Syndicat pour le Défense des Intérêts Agricoles de Marseille ; — Mⁱˢ de Grille d'Estoublon ; — Just Guigou, avocat, doyen de la Faculté libre de Droit de Marseille ; — Alfred Jauffret, maire de Mallemort ; — Cᵗᵉ de Juigné de Lassigny ; — Latil, docteur en médecine à Aix ; — Mⁱˢ de Lyle-Taulane ; — Adrien de Malijay ; — Paul de Malijay ; — E. Michel-Colomb, ancien membre du Conseil Municipal de Marseille ; — Mⁱˢ de Monturand ; — Mⁱˢ de Panisse-Passis ; — Abbé Pastoret ; — A. Pons-Euzière ; — Mⁱˢ de Pontevès-Sabran ; — Abbé de Rafélis de Broves ; — Amiral Rallier du Baty ; — Cᵗᵉ de Raousset-Boulbon ; — De Rasque, Bᵒⁿ de Laval ; — Bᵒⁿ de Ravel d'Esclapon ; — Paul Roman, notaire à Aix ; — L. Rostan, propriétaire à Saint-Maximin ; — Cᵗᵉ R. de Ruffo-Bonneval ; — T. Sabatier, président du Conseil des Prud'hommes d'Aix ; — Duc de Sabran-Pontevès ; — Cᵗᵉ de Sabran-Pontevès ; — Cᵗᵉ E. de Sabran-Pontevès ; — Bᵒⁿ de Saint-Marc ; — Vᵗᵉ de Salve-Vachères, conseiller général des Basses-Alpes ; — Sibour, capitaine de vaisseau en retraite ; — E. Tavernier, ancien conseiller à la Cour d'appel d'Aix ; — Cᵗᵉ Terray, maire de Barbentane ; — De Tournadre, ancien inspecteur général des Ponts-et-Chaussées ; — E. Trucy, avoué à Brignoles ; — Cᵗᵉ de Verclos ; — A. Verger, ancien vice-président du Tribunal Civil de Marseille ; — Mⁱˢ R. de Villeneuve-Bargemon.

Marius Durand ; — Louis Gibbal ; — Cᵗᵉ de Villechaize, *secrétaires du Comité d'Initiative.*

Voici quel était, sauf les détails à fixer ultérieurement, l'ordre de travail adopté pour l'Assemblée provinciale :

SAMEDI 11 MAI

9 h. du matin. — Service pour le repos de l'âme des membres des Etats de Provence de 1788-89, célébré dans l'Eglise Métropolitaine de Saint-Sauveur.

10 h. — Séance générale. — Constitution du Bureau et des Commissions.

10 h. 3/4. — Réunion des Commissions dans leurs salles respectives. — Préparation des vœux et des rapports.

2 h. de l'après-midi. — Deuxième réunion des Commissions. — Suite des travaux.

4 h. — Séance générale. — Allocution d'ouverture. — Rapports sur la RELIGION, l'ENSEIGNEMENT, les MŒURS et l'ASSISTANCE. — Discussion et adoption des vœux.

8 h. du soir. — Séance générale. — Rapports sur l'ADMINISTRATION, la JUSTICE et les FORCES PUBLIQUES. — Discussion et adoption des vœux.

DIMANCHE 12 MAI

9 h. du matin. — Messe solennelle. — Discours de Monseigneur l'Archevêque d'Aix.

10 h. 1/2. — Séance générale. — Rapports sur la GRANDE INDUSTRIE et les ARTS-ET-MÉTIERS. — Discussion et adoption des vœux.

2 h. de l'après-midi. — Séance générale. — Rapports sur le GRAND COMMERCE et le COMMERCE EN MAGASIN. — Discussion et adoption des vœux. — Rapport sur l'AGRICULTURE. — Discussion et adoption des vœux. — Discours de clôture.

7 h. 1/2 du soir. — Banquet.

Ainsi qu'il est annoncé dans les dernières lignes de la circulaire, l'assemblée devait être précédée d'une enquête ayant pour base la division de la société en groupes de professions et d'intérêts.

Cette enquête fut conduite par les soins de MM. le comte de Villechaize, Marius Durand et Louis Gibbal, secrétaires généraux du Comité d'Initiative, et s'étendit sur tout le territoire de la Provence.

Elle comprit deux mouvements distincts : l'enquête proprement dite et l'adoption des projets de vœux par les réunions locales (1).

L'enquête s'opéra par le moyen de *questionnaires* répandus dans les villes et les campagnes et largement reproduits par la presse (2). Elle avait pour but de provoquer sur l'état social actuel les observations des hommes compétents et de mettre ainsi en lumière les points sur lesquels devaient porter les vœux à proposer.

La lettre dont le texte suit en accompagnait l'envoi.

Le 2 Avril 1889.

Monsieur,

Vous avez reçu la circulaire par laquelle nous vous annoncions l'assemblée qui doit être tenue à Aix les 4 et 5 mai prochain.

Vous avez vu que pour donner à cette assemblée le caractère d'une représentation autorisée des intérêts de la Provence, il est nécessaire qu'elle soit précédée d'une enquête dans laquelle tous les groupes sociaux puissent faire entendre leurs plaintes et leurs vœux.

Nous vous envoyons sous ce pli un questionnaire sommaire, en vous priant de vouloir bien formuler vos réponses sur les

---

(1) L'enquête et la préparation de l'Assemblée entraînèrent des frais élevés. Ces frais furent couverts, presque franc pour franc, par de généreux souscripteurs.

(2) Le Comité doit remercier, entre autres journaux, la *Gazette du Midi* et le *Soleil du Midi* qui ont toujours accueilli ses communications avec une extrême obligeance.

poïnts relatifs soit aux intérêts généraux du pays, soit à ceux qui touchent spécialement le groupe auquel vous appartenez.

Ces réponses devront nous être adressées avant le 12 avril; elles serviront à établir les projets de vœux qui vous seront ultérieurement soumis.

Veuillez agréer, Monsieur, l'assurance de nos sentiments les plus dévoués.

Pour le Comité d'Initiative,

Marius DURAND — Louis GIBBAL — Cte de VILLECHAIZE,
Secrétaires,
36, rue Manuel, à Aix. — 5, Quai du Canal, à Marseille.

P. S. — Le questionnaire n'est pas limitatif; on est prié de formuler toutes les observations qui peuvent être suggérées par l'état social actuel, dans la limite précédemment indiquée. — Il n'est pas nécessaire non plus de répondre à toutes les questions.

Il va sans dire qu'on n'a pas à donner des réponses étudiées d'une manière scientifique et détaillée; on se contentera d'émettre, sous une forme brève, les plaintes et vœux portant sur les points principaux, — ainsi qu'il fut fait en 1789.

Il va sans dire également que les personnes qui ne pourront se rendre à Aix sont priées néanmoins de formuler leurs réponses et de participer à l'enquête.

Plusieurs centaines de réponses parvinrent au Comité d'Initiative. Quelques-unes étaient d'importants mémoires signés de :

MM. A. AIGOUY, ancien marchand. — *Aix-en-Provence* (1).
     R. AURRAN, propriétaire. — *La Crau d'Hyères.*
     L. BARRE, horloger. — *Manosque.*
     E. BARRÈME, professeur à la Faculté libre de Droit. — *Marseille* (2).

(1) Parmi ces mémoires, se trouvent cités quelques-uns de ceux qui furent produits à Aix et à Marseille, bien qu'ils soient parvenus au Comité d'Initiative indirectement et par l'intermédiaire des Commissions d'enquête établies dans ces deux villes.

(2) Le remarquable travail de M. Barrême était revêtu de l'adhésion d'un groupe de professeurs à la Faculté libre de Droit de Marseille.

MM. J. BAUDOUIN, négociant en tissus. — *Marseille*.
    J. BLANC, ancien magistrat. — *Saumane*.
    B. CHAIX-BRYAN, négociant. — *Marseille*.
    F. DOLLIEULE, ancien magistrat. — *Marseille*.
    Colonel D'ESPAGNET. — *Pourcieux*.
    F. FOURNIER, industriel, membre de la Chambre de Commerce. — *Marseille*.
    L. GARNIER, ancien magistrat. — *Saint-Maximin*.
    C. GOUNELLE, industriel, ancien membre de la Chambre de Commerce. — *Marseille*.
    H. HIGNARD, professeur honoraire de Faculté. — *Cannes*.
    C. JEANDÉ, marchand d'articles de Paris. — *Marseille* (1).
    C. JEANNIN, négociant. — *Aix-en-Provence*.
    O. de LACOUTURE, propriétaire, ancien magistrat. — *Draguignan*.
    Abbé LATOUR, curé d'*Artignosc*.
    P. de MALIJAY. — *Paris*.
    E. MICHEL, avocat. — *Nice*.
    Abbé PASCAL, vicaire à *Thorame-Basse*.
    O. PAYAN D'AUGERY, propriétaire. — *Marseille*.
    Abbé PLAUCHUT, curé-doyen de *Bormes*.
    Abbé PIN, curé d'*Aubignosc*.
    L. REYMOND. — *Manosque*.
    H. REY, propriétaire. — *Vaugures*.
    F. REYNAUD, ouvrier tailleur. — *Marseille*.
    L. ROLLAND, ancien magistrat. — *Toulon*.
    A. ROSTAN D'ANCEZUNE, propriétaire. — *Marseille*.
    Duc de SABRAN-PONTEVÈS. — *Paris*.
    Vicomte de SALVE-VACHÈRES, conseiller général des Basses-Alpes. — *Reillane*.
    E. SCIAS, ancien commissaire de la marine. — *St-Cyr-de-Provence*.
    E. SUMIEN. — *Marseille*.
    J. THOMAS, négociant. — *Avignon*.
    A. VERGER, ancien vice-président du Tribunal Civil de *Marseille*.
    Abbé VIAN, chanoine honoraire, ancien docteur en médecine. — *Lorgues*.

Ces réponses formulées, en dehors de toute préoccupation politique, par des hommes spéciaux et sincères, renfermaient un exposé des points principaux sur lesquels

(1) La réponse de M. Jeandé fut faite au nom d'un groupe de marchands catholiques organisé à Marseille dans un but charitable.

portent, de nos jours, les plaintes des groupes divers dont se compose la société.

Il restait à les réunir en un texte unique qui en présentât le résumé et pût être soumis à l'adhésion, non plus de simples individualités, mais de groupes et de réunions.

Le Comité d'Initiative s'empressa de condenser en *projets de vœux* les réponses reçues (1).

Puis il en opéra la distribution et accompagna cet envoi de la lettre suivante :

Le 20 Avril 1889.

Monsieur,

Vous recevrez avec cette lettre un projet de vœux rédigé suivant les réponses qui nous sont parvenues des différents points de la Provence, et relatif soit aux intérêts généraux du pays, soit à ceux du groupe auquel vous appartenez.

Nous vous prions d'en prendre connaissance et de nous envoyer votre adhésion, avant le 5 mai, avec les modifications et additions que vous croirez devoir y être apportées.

Nous vous prions aussi de recueillir l'adhésion des personnes de votre commune ou de votre canton qui sont favorables au mouvement, et, autant que possible, de vous entendre avec elles pour nous adresser un *texte collectif,* qui serait envoyé à l'Assemblée de Provence au nom des groupes de votre localité et pourrait y être porté par ceux de leurs membres qui s'y rendront.

---

(1) Par suite de retards inévitables dans un mouvement aussi précipité, un certain nombre de personnes ne reçurent pas le questionnaire assez à temps pour pouvoir rédiger des réponses. Quelques-unes ne firent parvenir leurs réponses qu'après la rédaction des projets de vœux.

Vous savez que notre Assemblée doit être une manifestation émanée des groupes d'intérêts réunis sur la double base de la profession et du voisinage. Nous espérons que vous voudrez bien prendre ou suivre l'initiative de ce qui pourra être fait en ce sens dans votre localité.

Veuillez agréer, Monsieur, l'assurance de nos sentiments les plus dévoués.

Pour le Comité d'Initiative,

Marius DURAND. — Louis GIBBAL. — Cte de VILLECHAIZE.

Cet appel fut entendu ; dès l'arrivée des projets de vœux, des groupes se réunirent sur divers points de la Provence.

Les villes d'Aix et de Marseille furent les premières à donner l'exemple. Des commissions d'enquête s'y étaient constituées déjà, sur les démarches du Comité d'Initiative. Après avoir, sans autre intervention de celui-ci, recueilli des réponses aux questionnaires, elles organisèrent spontanément des réunions de groupes.

A *Aix*, la Commission comprenait, en qualité de secrétaires dans chaque groupe :

Pour la Religion: M. le Chanoine GUILLIBERT, vicaire général.
Pour l'Enseignement: M. Pierre LANÉRY D'ARC, avocat.
Pour les Œuvres de Moralisation: M. le docteur LATIL.
Pour l'Administration : M. Sylvius DAVID, avocat.
Pour la Justice: M. Eugène TAVERNIER, ancien conseiller à la Cour.
Pour l'Agriculture : M. Louis de BRESC, membre du Conseil général du Var.
Pour l'Industrie: M. T. SABATIER, fondeur, président du Conseil des Prud'hommes.

Des réunions pour l'adoption de vœux furent tenues par le groupe de l'Enseignement et celui de la Justice.

A *Marseille*, la Commission avait, dès le mois de janvier, lancé une circulaire spéciale. Elle comprenait :

Pour le Clergé : M. le chanoine PAYAN D'AUGERY, vicaire général.
Pour l'Enseignement : M. l'abbé BARNAVE, directeur de l'école Sal ien.
Pour les Œuvres de Moralisation : M. le Comte de VERCLOS, président du Comité des Intérêts Catholiques.
Pour l'Administration et les Finances : M. E. MICHEL-COLOMB, ancien conseiller municipal.
Pour la Justice : M. A. VERGER, ancien vice-président du Tribunal civil.
Pour l'Agriculture : M. le Baron de GOMBERT, président du Syndicat pour la défense des intérêts agricoles de Marseille.
Pour l'Industrie : M. Félix FOURNIER, industriel, membre de la Chambre de Commerce.
Pour le Commerce : M. Henry BERGASSE, armateur, ancien membre de la Chambre de Commerce.

Grâce à l'activité des Commissaires et de quelques membres dévoués qui s'adjoignirent à chacun d'eux, les groupes se réunirent plusieurs fois et arrêtèrent, pour la plupart, un texte de vœux (1).

Après ces groupes, réunis pour la circonstance, il faut citer, toujours à Marseille :

Le Syndicat des Patrons et Ouvriers du Bâtiment.
Le Syndicat des Patrons et Employés du Tissu.
Le Syndicat Agricole de Montolivet.
Le Cercle professionnel des Jardiniers de Saint-Giniez.

qui délibérèrent, séparément, sur les projets qui leur avaient été soumis.

(1) Des circonstances imprévues empêchèrent la réunion des groupes de la Justice et de l'Industrie.

Les Arts-et-Métiers et le Commerce en magasin formèrent des groupes spéciaux, par suite de la diversité d'intérêts qui les distingue de la grande Industrie et du grand Commerce.

A *Toulon*, plusieurs vœux furent adoptés à la suite d'une conférence donnée par M. Jules Cauvière, professeur à l'Institut Catholique de Paris, dans une assemblée comprenant quatre cents personnes.

A *Mallemort*, *Fontvieille* et *Maussane*, des réunions d'agriculteurs furent organisées, grâce à l'initiative de M. Charles Boyer et au concours dévoué de M. le baron de Gombert.

Sur d'autres points encore, les projets de vœux furent adoptés en commun par un certain nombre de personnes appartenant à la même profession. Les adhésions les plus nombreuses vinrent des communes suivantes :

Aups, *Avignon*, *Les Baux*, *La Ciotat*, *La Crau d'Hyères*, *Marignane*, *Menton*, *Le Paradou*, *Pourcieux*, *Saint-Martin de Crau*, *Saint-Victoret*, *Seillons* et *Simiane* (B.-A.).

Telle fut l'enquête préparatoire de l'assemblée provinciale de Provence.

Ce mouvement ne put être ni très étendu ni très approfondi. Mais il suffit pour donner une base sérieuse aux travaux de l'assemblée et fournir l'exemple d'une organisation représentative.

ASSEMBLÉE PROVINCIALE

DE PROVENCE

Tenue à Aix les Samedi 11 et Dimanche 12 Mai 1889

A L'OCCASION DU

CENTENAIRE DE 1789

PREMIÈRE JOURNÉE

ASSEMBLÉE PROVINCIALE

DE PROVENCE

Tenue à Aix, les Samedi 11 et Dimanche 12 Mai 1889

A L'OCCASION DU CENTENAIRE DE 1789

PREMIÈRE JOURNÉE

SERVICE COMMÉMORATIF

E 11 mai 1889, à neuf heures du matin, l'Assemblée provinciale de Provence s'ouvrit par un service religieux célébré dans l'église de Saint-Sauveur, pour le repos de l'âme des membres des Etats de Provence et de tous ceux qui prirent part au mouvement de 1789.

Le vaste chœur de l'antique métropole avait été, pour la circonstance, revêtu de tentures noires ; un catafalque se dressait au milieu, surmonté d'un étendard aux armes de Provence.

Monseigneur l'Archevêque d'Aix, entouré des membres du Chapitre, présidait la cérémonie, faisant revivre ainsi la tradition de ses illustres prédécesseurs qui, pendant de longs siècles, marchèrent, comme *premiers procureurs du pays de Provence et présidents-nés des Etats*, en tête de l'administration provinciale.

Deux cents hommes se trouvaient réunis ; on remarquait parmi eux un grand nombre de descendants des membres des États de 1788-89.

M. le vicaire-général Fontaine célébra la messe et Monseigneur l'Archevêque donna l'absoute.

La maîtrise de Saint-Sauveur fit entendre les chants marqués par la liturgie pour les solennités funèbres.

Les pauvres enfin ne pouvaient être oubliés ; des bassins placés aux portes de l'église reçurent les aumônes de l'assistance.

On avait annoncé que Monseigneur l'Archevêque prononcerait un discours ; mais Sa Grandeur, désireuse de s'adresser aux ouvriers que leurs travaux retenaient le samedi, remit ce discours au lendemain dimanche.

Il est cependant nécessaire de le placer en tête du compte rendu de l'Assemblée provinciale, dont il indiqua magistralement l'esprit et la portée.

DISCOURS

PRONONCÉ PAR MONSEIGNEUR L'ARCHEVÊQUE D'AIX

Dans l'Eglise Métropolitaine de Saint-Sauveur

MES CHERS AMIS,

Je dois commencer par quelques mots sur le Centenaire des Etats de Provence ; sans une explication, plusieurs d'entre vous pourraient ne pas comprendre l'imposante solennité de ce moment, dans notre vieille Métropole, et les réunions d'hier et d'aujourd'hi dans une autre enceinte. Je parle surtout pour ceux qui n'ont pu assister à celles-ci. C'est l'auditoire auquel je m'adresse.

Il y a juste cent ans, un besoin de légitimes réformes était dans les vœux de tout le peuple français.

Le roi Louis XVI, un prince qui n'eut jamais son égal par la droiture des intentions et par l'amour sincère de son peuple, marchait à la tête de ce mouvement. Pour bien connaître les désirs de la Nation, il résolut de consulter le pays et fit un appel loyal et honnête au suffrage universel, en convoquant les trois Ordres, le Clergé, la Noblesse, le Tiers-Etat, qui composaient la France tout entière.

Alors elle était divisée, non en départements, mais en provinces : on disait la province du Languedoc, la province du Dauphiné, la province de Provence. Pendant cette année 1789, les trois Ordres se réunirent, dans chaque ville, et délibérèrent en toute liberté et indépendance. Leurs délibérations furent consignées dans des registres, appelés Cahiers, pour être envoyées aux Etats-Généraux, comme on dirait aujourd'hui à l'Assemblée Nationale.

Les Etats-Généraux s'assemblèrent à Versailles le 5 mai, il y a un siècle et quelques jours. Tous les députés se rendirent à l'église Saint-Louis, au chant du *Veni Creator*, marchant à la suite du Saint-Sacrement porté par Monseigneur de Juigné, archevêque de Paris : le roi Louis XVI, la reine Marie-Antoinette, les princes et les princesses du sang, les héritiers des plus grands noms, les restes de cette vieille féodalité dont la dernière heure avait sonné, donnaient l'exemple, et venaient s'incliner devant Celui qui seul est grand et ne finit jamais. Tous entendirent la messe du Saint-Esprit.

Messieurs, vous faites comme l'illustre Assemblée. Hier vous êtes venus assister à la messe de *Requiem* pour les innombrables victimes de nos malheureuses discordes civiles ; aujourd'hui dimanche, en remplissant un devoir essentiel de tout catholique, vous êtes là pour demander à Dieu de bénir vos travaux et d'en faire sortir la gloire et le bonheur de nos compatriotes.

Les justes réclamations du peuple français furent donc librement exposées, étudiées, délibérées, et ses représentants s'engagèrent à porter remède aux maux dont tout le monde se plaignait, dont tout le monde convenait.

Nous célébrons en ce moment le centenaire de nos Etats de Provence, réunis en cette ville. Mon but n'est pas d'entrer dans le détail de leurs travaux ; ce soin vous est laissé à vous, Messieurs : vous jugerez les Etats particuliers et les Etats généraux en toute impartialité, en toute justice. Vous direz la vérité, si indignement, si hypocritement travestie, sur cette époque tourmentée ; vous direz toute la vérité : ni vous, ni moi, ni les nôtres, n'avons rien à craindre et rien à perdre.

Les Etats de 1789 firent entendre les doléances très fondées de nos pères. Vous avez une occasion de faire entendre les doléances non moins fondées de leurs descendants, et votre tâche ne sera pas courte : vous parlerez des promesses qui furent faites, et ne furent jamais tenues ; vous direz pourquoi le plus épouvantable bouleversement qui se soit vu dans le monde, entrepris au nom du peuple, tourna contre le peuple. — Il fut traité comme les nobles, comme les riches, comme les prêtres, comme les cléricaux.

Que votre programme aujourd'hui et toujours soit renfermé dans ces deux mots, qui disent tout : *Dieu et le peuple.* Tout ce qui s'est fait de bien est sorti de ces deux mots réunis; tout ce qui s'est fait de mal en a été le mépris et la violation. Celui qui les prendra pour devise et qui prouvera qu'il les a, non seulement sur le bout des lèvres, mais dans le fond du cœur, celui-là sera le premier. Notre pays aime un langage court, ferme et honnête ; il sera sauvé par celui qui l'aimera le plus.

Parmi nos représentants de Provence, se trouvait un homme d'un immense talent, d'une éloquence entraînante et terrible : il imprima une direction fâcheuse au mouvement de 89. Quand il comprit qu'il avait fait fausse route et qu'il voulut s'arrêter, c'était trop tard ; il mourut en disant: « J'emporte dans la « tombe le deuil de la monarchie, dont les débris vont devenir « la proie des factieux. » Il n'eut pas de peine à se faire pro-phète de malheur.

Les vœux des cahiers, que j'indique sommairement, portaient sur les points suivants: équilibre à établir dans le budget des recettes et des dépenses, suppression des privilèges que possédaient le clergé et la noblesse, en retour des services reli-gieux, militaires et civils qu'ils rendaient au pays dans l'entre-tien du culte, dans le soin des pauvres, des malades, des orphelins, de nos vingt mille hôpitaux et providences, dans les services des armées de terre et de mer, dans le traitement, le mobilier, les locaux fournis aux instituteurs et institutrices des petites écoles, répandues dans les plus humbles villages.

Ces vœux demandaient encore la correction de grands abus, qui s'étaient glissés avec le temps dans les diverses adminis-trations: ils voulaient surtout l'égalité de tous devant la loi, l'admissibilité de tous à tous les emplois.

Ils insistèrent pour la conservation de la religion catholique, comme la religion dominante de l'immense majorité des Français, et pour l'inviolabilité de la personne du roi. Ces vœux devinrent des ordres, et le 27 juillet, M. de Clermont-Tonnerre les porta à l'assemblée, et termina en ces termes : « Voici, Messieurs, leur dit-il, voici les ordres donnés par la « France à ses mandataires : les cahiers, à l'unanimité des voix, « vous ordonnent de maintenir le gouvernement et les formes « monarchiques, qu'il est dans le cœur de tous les Français de « chérir et de respecter. »

Je dois dire à l'honneur de la vérité que le clergé fut le plus ardent à formuler et à demander des réformes, parce qu'il connaissait mieux les misères du peuple, et qu'il l'aimait davantage. A part quelques grands noms, le clergé, comme toujours, sortait des classes populaires; sans hésiter, il sacrifia ses privilèges dans l'intérêt général.

Une des gloires de la Provence à cette époque, l'Archevêque d'Aix, Monseigneur de Boisgelin, dont le nom est toujours noblement porté au milieu de nous, proposa, avec le consentement de ses collègues, de venir au secours de l'Etat pour une somme de quatre cents millions : l'offre fut refusée, on aima mieux tout voler, tout gaspiller, et ruiner les œuvres de charité, qui, toutes au profit des pauvres, vivaient par ces généreuses fondations accumulées depuis des siècles. Elles ont disparu dans le gouffre, au milieu d'une banqueroute de quarante milliards, chiffre un peu supérieur aux dettes actuelles de la France.

Je l'avoue donc avec orgueil : ces réformes, nous clergé, évêques, prêtres, religieux, unis au reste de la nation, nous avons été les plus ardents à les voter et à les revendiquer dans les assemblées publiques, qui les ont oubliées.

Nous ne sommes pas les ennemis de notre temps. Quoique nous ne soyons pas sur un lit de roses, j'aime mieux le Centenaire de 89 que 89 lui-même. Nous sommes fiers autant que personne de nos merveilleux progrès matériels depuis un

siècle. Le clergé français n'a jamais refusé de les encourager
et de les bénir ; si nous voulions en faire le bilan, nous prou-
verions que les cléricaux n'ont pas mal tenu leur rang dans les
inventions modernes.

Et je suis obligé de faire un aveu qui coûte à mon patriotisme : nous avons été, mais nous ne sommes plus la première
puissance militaire, ni la première puissance politique en
Europe. L'Angleterre l'emporte sur nous par son industrie et
son immense commerce. — Mais nous restons à la tête de tous
les peuples dans les conquêtes pacifiques de l'Evangile, parce
que le clergé français est un clergé apôtre, un clergé missionnaire. Il fait, dans ses nombreuses et périlleuses missions,
œuvre catholique, civilisatrice et française : dans tout l'Orient,
catholique et français ou clérical, c'est la même chose. Cette
suprématie ne nous est contestée par personne : le sceptre de
l'évangélisation et de la civilisation qui marche du même pas
est dans nos mains depuis des siècles ; il ne nous échappera
pas. Sans nous, vous le voyez, la France ne serait en ce moment
la première nulle part.

La date de 89 et ses cahiers n'ont rien qui nous effraie, et sur
ce terrain nous sommes avec le roi et sa famille, avec le clergé,
la noblesse, le tiers Etat, la France tout entière.

Tous ces changements justement réclamés furent accordés
aux applaudissements unanimes de l'assemblée. C'est donc la
France monarchique qui supprima les privilèges de l'ancien
régime, qui proclama l'égalité de tous devant la loi et devant
l'impôt, et qui, d'accord avec son roi, restaura les libertés
publiques ; c'est elle qui a fondé la société moderne : un orateur
du gouvernement n'a pu le méconnaître dans une récente circonstance.

Voilà, Messieurs, la vérité historique, indéniable. A vous de
faire plus ample lumière, à vous de démasquer les trompeurs,
les séducteurs, les sophistes, qui ne respectent rien de ce qui
leur déplaît ; à vous de démontrer où se trouvèrent alors les
véritables amis du peuple.

Restez dans ce programme ; c'est le plan lumineux, qui doit éclairer toutes vos délibérations, toutes vos recherches, toutes vos études, toutes vos œuvres *Dieu et le peuple*, c'est vous, c'est moi, c'est le pauvre et le riche, c'est le ciel et la terre, c'est l'Evangile.

Notre fougueux député prononça ces paroles pleines de tempêtes : « Allez dire à votre maître que nous sommes ici par la volonté du peuple, et que nous n'en sortirons que par la force des baïonnettes ! »

Le plus modeste d'entre nous peut tenir un plus noble langage : « Nous sommes ici par la volonté de Dieu, et nous n'en sortirons pas que nous n'ayons démontré aux plus aveugles et aux plus obstinés, que nous ne cherchons que la gloire de Dieu et le bien de nos frères. »

I

Après ces préliminaires, plus longs que je ne l'aurais voulu, c'est à vous, Mes Chers Amis les ouvriers, que je veux m'adresser directement. Retenez bien cette vérité : les réunions comme celles d'aujourd'hui, comme celles qui se sont tenues dans toute la France, et qui auront leurs Etats-Généraux à Paris au moins de juin, sont pour vous, pour vos intérêts. En plaidant notre cause, nous plaidons la vôtre : si nous avons besoin de vous, vous n'avez pas moins besoin de nous.

Je veux vous prouver, moi, et c'est bien ma mission, je veux vous prouver que nous sommes vos meilleurs amis.

En 1789, nous avons fait en votre faveur tous les sacrifices imaginables ; depuis cette époque, nous avons travaillé plus que personne à rétablir les œuvres nombreuses démolies par la Révolution, et qui étaient toutes sans exception à votre profit.

Nous sommes vos meilleurs amis, non seulement par sentiment, par sympathie, par dispositions naturelles, mouvements toujours variables, selon le temps, les circonstances, les

personnes et les intérêts, ces terribles diviseurs. Nous sommes
vos meilleurs amis, par principe, par état, par vocation, par
devoir, par ordre divin ; nous sommes vos meilleurs amis, parce
que nous sommes les fils de Dieu, et que nous acceptons sa
loi, sans y retrancher un iota, parce que nous sommes les
disciples de Jésus-Christ, qui nous a prédestinés au même
bonheur et nous a faits ses propres frères, nous disant qu'on
connaîtra que nous sommes ses disciples si nous nous aimons
les uns et les autres. Nous ne pouvons pas sortir de là : plus
nous serons chrétiens, plus nous serons cléricaux, et plus
nous vous serons dévoués. Le plus clérical parmi nous s'intitule
le serviteur des serviteurs de Dieu : c'est son plus beau titre de
gloire. Plus clérical et plus grand que lui avait dit au premier
des papes : « *Je suis venu non pour être servi, mais pour
servir ;* » et un jour, dans une scène sans pareille, il se ceignit
les reins d'un tablier, se mit aux genoux de ses apôtres, et
leur rendit le service le plus vulgaire. Puis se relevant, et
s'adressant à vous, Mesdames, à vous, Messieurs, aussi bien
qu'à nous tous : « *Je vous ai donné l'exemple,* dit-il, *vous ferez
comme vous m'avez vu faire.* » Vous entendez : Vous *ferez*
comme vous m'avez *vu faire ;* c'est un ordre, — *vous ferez,* —
c'est le Maître qui commande. *Vous ferez ;* Il a commandé et
nous avons obéi.

Pour nous renfermer à notre époque, j'affirme que personne
ne s'est montré plus empressé, plus généreux, plus dévoué et
plus intelligent à réparer les ruines révolutionnaires, que nous
catholiques, que nous cléricaux : nous sommes par vocation des
réparateurs et des reconstructeurs. Nous continuons la rédemp-
tion et des âmes et des corps ; nous l'avons continuée surtout
à cette époque.

Ces réparations furent à l'avantage de la classe pauvre, labo-
rieuse, ouvrière, à l'avantage des miens, à l'avantage des vôtres.
Vous êtes bien obligés de convenir, Mes Chers Amis, que les
milliers d'œuvres de charité, existant au moment de la Révolution, et qu'elle a toutes dévorées, étaient pour vous. Les riches

n'ont pas besoin d'hôpitaux, de providences, d'orphelinats, d'écoles gratuites, d'asiles pour leurs vieillards, leurs infirmes, leurs estropiés, leurs aveugles, leurs sourds-muets : ils n'avaient pas plus besoin de ces établissements alors qu'aujourd'hui. Vous êtes bien forcés de convenir d'une vérité évidente à crever les yeux : vous ne pouvez pas ne pas avouer que toutes ces innombrables fondations charitables et cléricales, avec les rentes qui les faisaient vivre, avec les serviteurs qui les servaient, qui vous servaient dans la personne des vôtres, étaient des œuvres populaires, des œuvres démocratiques et catholiques, dont vos ancêtres, les pauvres, les ouvriers, avaient tout le bénéfice. Vous ne pouvez pas ne pas avouer qu'elles furent emportées dans la tourmente révolutionnaire, dévorées sans aucun profit pour les malheureux à qui elles étaient volées, à qui elles appartenaient ; à peine en resta-t-il de rares débris, protégés par quelque oubli providentiel.

Je ne méconnais pas le concours efficace du pouvoir civil, aux jours meilleurs, pour la réparation de ces destructions innombrables ; — le mal était assez grand pour avoir besoin de tous les remèdes ; — mais j'affirme que nous avons été, quand il a voulu, ses plus dévoués, ses plus intelligents auxiliaires. Là nous sommes sur notre terrain ; nous avons le sens de la charité. Il n'a jamais demandé notre concours sans l'obtenir prompt et généreux ; nous avons travaillé avec lui, quand il a voulu ; nous avons travaillé au bien général non en opposition, mais parallèlement. Nous avons travaillé pour vous, Mes Chers Amis les pauvres, les ouvriers.

Faut-il vous le démontrer ? — Commençons par les églises : elles sont sans doute pour tout le monde, mais surtout pour vous, qui êtes la multitude, qui en avez le plus besoin ; elles ont été bâties pour vous évangéliser. Le Maître l'a dit : *pauperes evangelizantur*. Or, la Révolution en avait détruit le plus grand nombre : elle avait pillé les vases sacrés, les livres, les ornements ; les prêtres étaient morts sur l'échafaud ou dans les souffrances de l'exil.

Aux premières lueurs de paix et de liberté, nous avons entendu les prières de tout un peuple, surtout des villageois, des pauvres, redemandant leurs temples et leurs prêtres : les survivants de la tribu sacerdotale sont accourus de la terre étrangère, et, comme les glorieux mutilés du Concile de Nicée, ils auraient pu montrer les plaies qu'ils avaient reçues, les infirmités qu'ils avaient contractées pour la défense de leur foi. — Sans ressources, sans le sou, avec notre confiance en Dieu, centuplée par notre amour pour vous et pour vos âmes, nous nous sommes mis à l'œuvre, appelant à nous tous les dévouements, et nous avons rouvert vos églises, nous les avons ornées le moins mal possible. Nous vous avons redonné des prêtres pour vous baptiser, pour vous instruire, pour vous préparer à votre première communion, pour vous marier, pour vous visiter dans vos maladies, pour vous ouvrir les portes du ciel et vous conduire à votre dernière demeure. Au bout de quelques années, il s'était fait des merveilles de restaurations.— Reconnaîtrez-vous qu'elles étaient pour vous, que vous en avez profité plus que personne ? Avons-nous obéi à notre Evangile : *diliges*, vous les aimerez ?

La Révolution avait dévoré les rentes de presque tous nos hôpitaux, si nombreux que nous en avions dans nos plus petites villes. Malgré notre pauvreté, nous avons entrepris de les relever. Nous avons fait mieux que Jérémie, et nous ne nous sommes pas contentés de pleurer sur Jérusalem renversée ; nouveaux Zorobabels, nous avons pris la truelle et le marteau et nous avons ressuscité les ruines. Nous avons répondu au premier signe du Gouvernement, quand il a voulu réintégrer nos frères et nos sœurs dans les hôtels-Dieu ; le zèle et le dévouement ont improvisé les sujets qui nous manquaient, parce que la hache révolutionnaire ou les lois de proscription les avaient anéantis presque tous. — Cette œuvre-là est-elle une œuvre populaire ? En avez-vous profité, vous, Mes Amis les pauvres, les ouvriers, les travailleurs, les malades, les infirmes ? Avons-nous obéi à notre Evangile : *diliges*, vous les aimerez ?

Je vous l'ai dit : nos providences, nos orphelinats, nos innombrables asiles, ouverts à toutes les misères, avaient eu le même sort. Nous les avons rétablis, dotés de nouveau : actuellement, malgré la persécution, nous comptons cent cinquante mille religieuses dans tous les services de la charité publique et particulière. Conviendrez-vous que ces cent cinquante mille vaillantes filles, — car elles sont toutes vaillantes, — conviendrez-vous qu'elles ne servent que vous, qu'elles n'existent que pour vous ? Interrogez les légions de malheureux qui les entourent de leur respect et qu'elles entourent de leur tendresse ; pas un qui ne vous réponde : « Mon père et ma mère m'ont abandonné, et ici j'ai rencontré des mères ; j'étais sans habit, sans demeure, dans la faim, dans la soif, et on m'a donné un vêtement, une maison, du pain, du vin, des remèdes et des cœurs pour m'aimer. » Trouvez-vous que nous avons été fidèles à notre évangile : *diliges* ? Est-ce vous ou d'autres qui êtes là dans ces établissements charitables ?

Nous avions des écoles gratuites dans les plus petits villages, dans les plus humbles hameaux, dans les paroisses abruptes des Alpes comme au fond de toutes les *Craux* et de toutes les *Camargues*. Nous avions fondé pour les entretenir dix millions de rentes : elles étaient réellement gratuites, ne coûtant rien à ceux qui en profitaient. La Révolution s'empara de ces richesses populaires, promit de rétablir ces écoles et, comme toujours et comme partout, mentit à tous ses engagements.

Depuis le rétablissement de l'ordre en France, nous avons créé ou fait revivre plus de cent cinquante ordres religieux, voués exclusivement à l'éducation des enfants du peuple. Depuis dix ans, nous avons construit avec nos seules ressources plus de six mille écoles; nous en avons vingt mille; nous y recevons douze cent mille enfants; — nous en aurions le triple si nous vivions sous le régime de la justice. Eh bien, Mes Amis, cette armée d'instituteurs et d'institutrices, qui sortent de chez vous, — ils appartiennent presque tous à la classe pauvre; — qui sont pour vous, — ce n'est que le petit nombre qui enseigne les enfants des riches; — eh bien ! cette armée d'instituteurs et d'institutrices que nous avons créés, que nous élevons dans nos maisons, que nous entretenons au prix de mille sacrifices onéreux, que nous faisons breveter, qui vous appartiennent du matin au soir, dans la plus pénible des missions, tout ce monde-là est-il pour vous ? Pratique-t-il son évangile : *diliges*, vous les aimerez ?

Un jour, deux disciples de saint Jean vinrent trouver Jésus-Christ et lui dire : « *Etes-vous celui qui doit venir ou devons-nous en attendre un autre ?* » Notre Seigneur se contenta de leur répondre : « *Allez et dites à Jean : les aveugles voient, les boiteux marchent, les sourds entendent, les lépreux sont guéris, les pauvres sont évangélisés.* » Sans doute, nous ne donnons pas la vue aux aveugles, l'ouïe aux sourds, la parole aux muets, la santé aux lépreux, les jambes aux boiteux ; mais nous possédons le principal signe de la mission du Maître : *nous évangélisons les pauvres.*

Nous sommes plus de quarante mille en France ; chaque dimanche et plusieurs fois par dimanche, nous montons en chaire et nous parlons à notre peuple ; plusieurs fois par semaine, nous réunissons autour de nous vos enfants, quand vous voulez bien nous les donner : le catéchisme n'est obligatoire que devant Dieu. Vous savez si nous recevons ce cher petit monde à bras ouverts, si nous le réclamons avec prière et amour.

Est-ce là évangéliser les pauvres ? Est-ce là leur prêcher la bonne nouvelle ? Ils ne savent rien, ils n'ont rien ? Avez-vous entendu dire que nous leur avons appris à ne pas vous obéir, à ne pas vous aimer, à ne pas vous respecter, à ne pas aimer, à ne pas respecter, à ne pas servir leur pays ?

Encore une fois, sommes-nous fidèles à évangéliser les pauvres ? Qu'est-ce donc que je fais en ce moment ? Mon langage n'est-il pas un langage de catéchisme, un langage de prône, de curé de campagne ou de paroisse ouvrière, un langage pour les petits, les humbles, les pauvres ? Oui, mon divin Maître, je porte le signe de ma mission et de la vôtre. J'évangélise les pauvres, et je pratique mon évangile : *diliges*, vous les aimerez : *pauperes evangelizantur*

Mais pourquoi diminuer l'éclat de nos œuvres ? J'ai dit que
nous n'avions pas le pouvoir de rendre la vue aux aveugles ; je
me suis trompé. Un de nous, le pieux abbé Haüy, a fait ce
miracle, qui se continue ; il a mis leurs yeux au bout de leurs
doigts, ils écrivent et ils lisent avec la même rapidité que nous.
Cœci vident, les aveugles voient.

J'ai dit que nous ne rendions pas la parole aux muets : je
me suis trompé. Encore un de nous, l'immortel abbé de l'Epée,
complété par un autre abbé, l'abbé Sicard, a mis leur langue au
bout de leurs doigts ; ils parlent avec la même volubilité que
nous. Il a mis leurs oreilles dans leurs yeux ; ils nous comprennent aux mouvements des lèvres ; *et surdi audiunt, et muti
loquuntur*.

J'ai dit que nous ne rendions pas les jambes aux boiteux :
au moins nous les réparons, nous les redressons. Allez chez nos
Petites Sœurs des Pauvres où nos pensionnaires achèvent paisi-
blement de vieillir : le plus souvent, ils nous arrivent en démo-
lition. Les soins, la paix, le dévouement, la tranquillité de la
maison les rendent méconnaissables au physique et au moral ;
si nous ne leur redonnons pas l'agilité des jeunes années, ils
marchent mieux ; *et claudi ambulant*.

Et les lépreux, sont-ils guéris, c'est-à-dire les plaies hideuses
et repoussantes sont-elles soignées ? — Ecoutez : un beau matin
un lépreux se présenta dans un hôpital, et dans cet hôpital, il y
avait une reine qui avait quitté le palais de ses pères pour servir
les pauvres et les malades. Ce fut elle qui reçut le lépreux ; elle
était portière. « Mon petit frère, lui dit-elle, je t'aime parce
que tu es mon frère en Jésus-Christ. Que je te presse sur mon
cœur, toi qui n'as jamais été aimé, qui n'as jamais senti une
âme vivante battre sur ta poitrine ! Comme je voudrais te guérir,
comme je voudrais prendre tes plaies pour t'en délivrer ! » *Et
leprosi mundantur*, et les lépreux sont soignés.

Cette reine s'appelait sainte Elisabeth de Hongrie : elle n'est
pas une exception. Mes Chers Amis, vous avez des sœurs, des
filles, des parentes, des connaissances dans nos hôpitaux ; il n'y
en a pas une qui n'en ferait autant ; et *leprosi mundantur*. Et ce

miracle de dévouement est renouvelé tous les jours dans tous
nos établissements charitables, et en particulier dans l'œuvre
du Calvaire, par les dames du plus grand monde, mais qui sont
des cléricales du premier ordre ; et *leprosi mundantur*.

Après cette rapide exposition, il me semble que vous n'avez
pas le droit d'attendre une réponse que Jésus-Christ ne donna
pas aux disciples de Jean : elle était dans l'énumération de ses
miracles. Non, vous n'avez pas le droit de dire : « *An alium
expectamus ?* Devons-nous en attendre d'autres ? » Non, vous
ne pouvez rien attendre de mieux, puisqu'il n'y aura jamais
rien de mieux que l'Evangile.

II

Et cependant, vous en avez attendu et vous en avez reçu
d'autres ; et ces autres sont venus un jour qu'ils avaient besoin
de vos suffrages pour monter à quelque grande sinécure. Ils
sont venus avec de belles paroles, ils vous ont promis monts
et merveilles ; puis, le tour joué, de vos affaires ils n'ont eu
nul souci. Ils ont poursuivi leurs intérêts, leurs plaisirs : ils
ont casé à droite et à gauche leurs fils, leurs filles, les amis et
compères. Ils sont venus, et ceux-là même qui avaient capté
vos voix, vous ont chassés de vos écoles, de vos hôpitaux, de
vos orphelinats, de vos providences.

Car c'est bien vous, travailleurs, artisans, qui êtes chassés
avec nos religieux et nos religieuses, ce sont vos fils et vos
filles ; ils sortent de vos rangs, ils sont fils et filles d'ouvriers,
de villageois, de campagnards, de petites gens gagnant leur pain
à la sueur du front : c'est donc bien vous qui êtes laïcisés dans
leurs personnes, et dans la personne des pauvres, des malades,
des infirmes, des orphelins, des enfants. Tout ce peuple de
délaissés, d'abandonnés, de souffrants, d'ignorants, est bien
sorti de vos entrailles, et vous ne pouvez pas dire qu'il n'est
pas le sang de votre sang, la chair de votre chair et les os de

vos os : c'est donc bien vous qui êtes frappés en eux et avec eux.

Et on vous a dit que toutes ces expulsions, ces laïcisations, ces crochetages, ces crucifix arrachés au lit des malades et du milieu du champ de la mort, on vous a dit que tout se faisait à votre profit et pour le plus grand bonheur et honneur du pays, et vous l'avez cru. — Et moi je suis ici à me demander si vous me croirez ! — Tous ces coups sont tombés comme grêle sur vos épaules, et vous avez dit : « Ce n'est pas moi qui suis frappé, c'est mon voisin. » Est-ce l'histoire d'hier, d'aujourd'hui, de demain ? Avez-vous des yeux pour voir et des oreilles pour entendre ? La démonstration brillante comme le soleil et écrasante comme la foudre, est-elle complète ? Est-elle péremptoire ?

Savez-vous, Mes Amis, ce qui m'étonne le plus ? Ce n'est pas la méchanceté et la perversité humaines : il y a des hommes si mauvais, si pervers, qu'ils ne se plaisent que dans le mal. Ce qui m'étonne le plus, c'est la puissance de la crédulité humaine, pour ne pas me servir d'un autre mot.

Malheureusement ce n'est pas du nouveau ; les exploiteurs et les séducteurs ont toujours infesté la terre. Il y en avait du temps de l'Eglise naissante : saint Paul faisait aux Corinthiens le reproche d'être accessibles à toute séduction. — Comme moi, le grand Apôtre avait peur de blesser la susceptibilité de ses auditeurs, et pour faire excuser la liberté de son langage, il leur dit : « Vous qui êtes sages, souffrez-moi, souffrez que je « sois insensé pour un moment au milieu de vous : vous « supportez bien celui qui vous réduit en servitude, celui qui « vous dévore, celui qui vole votre bien, celui qui vous griffe « en pleine figure. *Si quis in faciem cædit.* » Comme saint Paul, je vous demande pardon de la liberté de ma parole : mais il m'importe de vous éclairer et non de vous flatter. — Vous supportez le premier menteur qui vient vous faire des promesses dont il ne croit pas le premier mot. Pourquoi ne supporteriez-vous pas celui qui vous dit la vérité, parce qu'il vous aime ?

On vous répète sur tous les tons que vous n'êtes libres que depuis 89. Nous prouvons, nous, qu'il y avait alors autant de liberté qu'aujourd'hui ; que les provinces, les corporations, les maîtrises, avaient leurs lois et leurs franchises. — Laissez-moi vous citer le témoignage d'un historien consciencieux et de grand mérite.

« Attestons, dit Augustin Thierry, attestons ce qui fut de
« temps immémorial enraciné à la terre de France : les fran-
« chises des villes et des provinces. Tirons de la poussière des
« bibliothèques, les vieux titres de nos libertés locales ; pré-
« sentons ces titres aux yeux de nos compatriotes, qui ne les
« connaissent plus, et qu'une longue habitude de nullité endort
« dans l'attente des lois de Paris. Ne craignons pas de mettre
« au jour les vieilles histoires de notre patrie : la liberté n'y
« est pas née d'hier. Ne craignons pas de rougir en regardant
« nos pères ; leurs temps furent difficiles mais ils ne furent pas
« des lâches. »

Ces paroles sont citées par M. de Ribbe, notre savant compatriote, dans son livre sur Pascalis, l'intrépide défenseur de nos franchises provençales. Comme elles sont vraies ! A les entendre, on croirait que les sectaires fanatiques de la grande date ont inventé la France, comme ils s'imaginent avoir supprimé Dieu, parce qu'ils n'en parlent jamais. Son nom n'a été prononcé par personne, ni au Centenaire des Etats-Généraux, le 5 mai, ni à l'ouverture de l'Exposition, au milieu des merveilles, qui sont son œuvre et celle de ses ouvriers. L'empereur d'Allemagne et le président des Etats-Unis nous donnent d'autres exemples.

On vous a dit que ce bouleversement sans pareil s'est fait pour votre plus grand bien. Nous vous dirons que la Révolution n'a été qu'une suite d'attentats contre les personnes, contre les propriétés, contre les consciences ; qu'avec le bien des émigrés, elle a dévoré les biens de toutes les sociétés locales, laïques, cléricales, de toutes les universités, académies, collèges, hospices, hôpitaux, providences, même les biens des communes ; qu'au commencement de ce siècle, en 1800, le patri-

moine des pauvres était réduit presque à rien ; que les huit
cents établissements charitables qui, en 1789, recevaient cent
dix mille indigents, pouvaient à peine en recevoir le quart,
tandis que les demandes d'admission avaient triplé. — Nous
vous disons toutes ces cruelles vérités ; et vous ne nous croirez
pas.

Nous vous dirons que non-seulement les petites écoles de
village étaient gratuites, mais encore les établissements d'instruction secondaire, c'est-à-dire ce que nous appelons séminai-
res, lycées, collèges ; qu'ils avaient de riches dotations, et que
sur 72,000 élèves qui les fréquentaient, on en comptait au
moins 40,000 pour lesquels l'instruction était gratuite, ou
demi-gratuite. Et aujourd'hui, la gratuité est loin d'atteindre
cette proportion, malgré les 32 millions de subvention accordés aux lycées.

Tous ces grands établissements ont péri corps et biens dans
l'antre révolutionnaire ; les maîtres furent destitués, déportés,
décapités ; les propriétés vendues, dévorées. De toutes ces
richesses, il ne resta pas un centime, puisque la banqueroute
fut, par surcroît de ruines, de quarante milliards. — Nous vous
le disons, et vous ne nous croirez pas.

Vous ne nierez pas que toutes ces œuvres étaient pour vous,
que c'était le patrimoine et la fortune de ceux qui n'en ont pas
d'autres. Nous vous disons toutes ces vérités, et bien d'autres,
nous vous le disons et vous ne nous croirez pas. — Mais si,
vous me croirez ; vous me croirez quand je vous aurai indiqué
la source où j'ai puisé mes renseignements et documents. Je ne
les ai pas pris dans une histoire cléricale, composée par quelque
moine ou abbé ! Je les ai pris chez un libre-penseur, admira-
teur de la Révolution, mais qui n'a pu nier la vérité historique,
et encore moins la vérité des chiffres ; vous trouverez cet article
dans la *Revue des Deux-Mondes*, numéro du 15 mars dernier,
article signé par un écrivain de grand talent.

Est-ce que je n'ai pas le droit de répéter, avec saint Paul :
si quis in servitutem redigit, si quelqu'un vous réduit en servitude. Vos pères furent emprisonnés, expulsés, exilés ; mouru-

rent de faim, de froid, de mort violente. C'est bien plus que la servitude.

Si quelqu'un s'empare de vos biens, *si quis devorat*. Ils s'emparèrent des biens de vos pères, des richesses de la charité publique, qui était votre fortune. Et vous les honorez ; et vous leur élevez des statues !

Si quelqu'un vous frappe en pleine figure, vous le supportez ; ils frappèrent vos aïeux en pleine figure, en mille manières, et surtout dans la personne de leurs enfants qu'ils leur arrachèrent par séduction, par violence, pour les élever sans Dieu, sans religion, en petits jacobins, en petits vauriens, à leur image, *si quis vos in faciem cædit.*

Comme saint Paul, je sens le besoin de vous faire mes excuses ; mais avec lui, j'ajoute : « Vous m'y avez contraint, *vos me coegistis.* »

Si je voulais, j'établirais le parallèle et je vous montrerais que l'histoire révolutionnaire est toujours ancienne et toujours nouvelle. Ouvrez donc les yeux sur les événements des dix dernières années.

Vous êtes le prétexte des laïcisations des hôpitaux.— Qu'avez-vous gagné, que gagnerez-vous à remplacer les sœurs de charité par des laïques ? Je ne veux pas médire des nouvelles gardes-malades ; je leur accorde toutes les qualités que vous voudrez : mais quand on a des soucis domestiques, des besoins, des exigences de famille, on ne peut pas soigner les malades avec le même dévouement, la même abnégation, le même désintéressement ; on ne peut pas passer sa vie, nuit et jour, auprès de ces perpétuelles agonies. Vous y perdez de toute façon : le service est moins bien fait ; la dépense est doublée ; les admissions sont fatalement diminuées ; les ressources ont une limite. C'est le témoignage des médecins les moins chrétiens, mais défenseurs nés et autorisés de leur innombrable et malheureuse clientèle.

Est-ce votre intérêt qu'on cherche dans les laïcisations d'écoles, pour les remplacer par d'autres que vous ne voudriez pas, que vous subissez, et qui vous coûtent deux fois plus ?

Est-ce votre intérêt qu'on cherche dans ces dépenses scanda-
leuses qui ont mis sur la fortune de la France une dette de
trente milliards, avec des impôts qui s'élèvent à 113 francs par
personne, c'est-à-dire au tiers du revenu annuel et proportionnel
de chaque Français? En d'autres termes, quand nous gagnons
trois francs, on nous demande un franc.

C'est donc bien vrai: nous avons une incroyable disposition
à nous laisser tromper ; nous acceptons tous les charlatans
qui nous promettent le pain sans travail, nous courtisant la
veille des élections, et ne nous connaissant plus le lendemain.

III

Moi, Mes Amis, je ne veux point de vos suffrages ; je ne veux
être ni député, ni conseiller général, pas même conseiller
municipal de la plus petite commune de France ; je suis pour
vous, je n'existe que pour vous: sans le bien que j'ai mission
de vous faire, je ne serais pas là. Je vous dis la vérité: je défie
celui qui goûte le moins mon langage, de me prêter d'autres
motifs.

Nous vous aimons, nous, quand nous sommes de vrais
catholiques, de vrais cléricaux ; nous vous aimons plus que
personne. C'est notre devoir: si j'osais, je dirais que c'est dans
nos fonctions. Je suis à cent lieues de vouloir nier les heureuses
dispositions naturelles de cœur, de volonté, d'esprit, de nos
adversaires de tout culte, de toute opinion, de toute religion ;
je n'ai pas besoin de les diminuer pour nous rehausser. Mais
nous avons ce qu'ils n'ont pas, ce qu'ils ne peuvent pas avoir:
aux considérations humaines qui nous appartiennent à tous en
commun, nous ajoutons les considérations divines ; nous vous
aimons quand même vous n'êtes ni aimables, ni reconnaissants,
ni justes ; nous vous aimons malgré vos défauts, vos calomnies,
vos mépris, parce que Jésus-Christ n'a pas dit que ceux-là seuls
sont vos frères, qui vous plaisent, mais qu'il a dit: sans accep-

tion de bons, de mauvais. *Omnes vos fratres estis.* Les frères les
moins aimables restent toujours nos frères.

Et voilà pourquoi nous vous aimons plus que personne.
Voilà pourquoi nous vous servirons mieux que personne dans
nos hôtels-Dieu, dans nos écoles, dans nos providences, auprès
de vos malades, de vos enfants, de vos orphelins, et voilà pourquoi nous faisons des merveilles de charité, malgré les hosti-
lités et les entraves. Voilà l'explication de cette influence par
l'amour et par le dévouement, qui nous attire tant d'inimitiés et
de jalousies. La recherche d'un plus grand bien à vous procurer
ne peut pas exister, je vous l'ai démontré invinciblement : c'est
un prétexte aussi grossier que menteur.

Et vous qui nous imitez de loin, vous ferez autant que nous,
et mieux que nous, quand vous vous servirez des mêmes
moyens. Vous êtes des ouvriers aussi bien doués que nous, mais
nous employons de meilleurs instruments. Voulez-vous que je
justifie mes paroles par l'autorité d'un écrivain, d'un académi-
cien très distingué, qui avoue que *l'esprit chrétien ne l'a pas
encore touché ?*

« Je n'étonnerai personne, dit Maxime du Camp, en affirmant
« que plus les croyances sont ardentes et ferventes, plus la cha-
« rité atteint d'ineffables grandeurs. On ne se ménage pas dans
« ces lieux de bénédiction ; la parole est convaincue ; les largesses
« sont magnifiques ; le don de soi-même est sans réserve. Cepen-
« dant, au milieu des dévouements que j'ai eu la bonne fortune
« d'étudier, et qui, plus que d'autres, ont ému le fond de mon
« être, lorsque ma pensée se porte vers ces créatures pleines
« d'abnégation, que j'ai vues à l'œuvre, c'est vous, Petites
« Sœurs des Pauvres, c'est vous Dames du Calvaire, qu'invoque
« mon souvenir attendri ! »

Oh ! Mes Bons Amis, Dieu a mis dans nos mains une grande
puissance, en nous armant de la charité. Quand nous faisons
moins bien, n'accusez pas nos principes, mais ceux qui s'en
servent maladroitement et sont trop peu cléricaux. C'est la
charité qui a sauvé le monde ; c'est par elle que les maux dont
nous souffrons seront guéris. Faites des livres, faites des

congrès, faites des lois ; vous n'aurez rien fait, tant que vous n'aurez pas persuadé aux hommes qu'ils sont tous frères : tant que vous n'aurez pas fait entrer dans leurs esprits, dans leurs cœurs et dans leur conduite la loi universelle promulguée par le souverain législateur de toutes les nations, de tous les empires et de toutes les républiques : *Mon commandement, c'est que vous vous aimiez les uns les autres.* — Voilà le premier article, le seul essentiel des constitutions humaines.

Un jour, saint Jérôme disait aux dames romaines, aux descendantes des Scipion et des Marcellus : « Ne tirez pas vanité « de vos abaissements : Jésus-Christ fut plus humble que vous. « Quand vous marcheriez nu-pieds, couvertes d'habits gros- « siers, semblables à des mendiantes : quand vous entreriez « dans les plus abjectes cabanes et dans les plus affreuses « retraites de la misère ; quand même vous seriez l'œil de « l'aveugle, le bâton du boiteux, la main de celui qui n'en a « pas ; quand même vous lui rendriez les services les plus bas, » qu'est-ce que cela auprès des abaissements de Jésus-Christ ? « Où sont les chaines ? où sont les soufflets ? où sont les cra- « chats, les épines de la couronne, les clous de la croix ? Où est « enfin le sang versé en retour de celui que le Sauveur a versé « si généreusement pour vous. »

Et notre saint Vincent de Paul ne disait-il pas à ses prêtres : « Si vous devenez pauvres pour avoir exercé la charité, au point « de mendier votre pain et de coucher au coin d'une haie, tout « déchirés, tout transis de froid, et qu'en cet état on vous « demande : « Pauvre prêtre de la mission, qui t'a réduit en « cette extrémité ? » quel bonheur de pouvoir répondre : C'est « la charité ! » Il faut parler au nom d'un Dieu pour tenir un pareil langage, et le faire accepter.

Messieurs, vous êtes ici pour redresser la vérité. Faites donc la lumière, dites donc la vérité : elle n'a pas de meilleure ser- vante qu'elle-même. Formulez vos vœux en toute liberté et loyauté ; la pensée qui vous réunit est une pensée de dévouement à l'Eglise et à la France.

Mais l'Eglise a des promesses d'immortalité que la France n'a pas reçues : aussi nos craintes sont autant patriotiques que catholiques. Ne l'accusez pas des méfaits commis en son nom dans ces temps d'aberration : la France, comme l'Eglise, est une mère. Ce n'est pas elle, la grande France catholique, qui aurait fait des laïcisés et des expulsés : ce n'est pas elle qui briserait le crucifix et l'arracherait du lit des mourants : ce n'est pas elle qui fermerait l'entrée de la religion à nos hôtels-Dieu, à nos écoles, à nos asiles, à nos orphelinats, qui interdirait le signe de la Croix aux petits enfants et proscrirait le catéchisme, ce livre de cent pages dont il faudrait écrire chaque syllabe en lettres d'or sur toutes les pierres de nos établissements scolaires; ce n'est pas elle qui distinguerait entre costume et costume et qui me mettrait hors de service parce que je suis habillé de telle ou telle couleur, parce que je me suis engagé, devant Dieu et devant la conscience, à lui consacrer jusqu'au dernier souffle de ma vie. La France a besoin de tous les dévouements pour les misères sans nombre et sans nom de son immense et bien-aimée famille.

Ne soyons ennemis de personne, sinon du mal. Hommes de miséricorde, croyons fermement qu'il y a plus d'égarés que de pervers ; faisons la lumière par les faits, par les preuves. Qu'on ne puisse donner à vos travaux d'autres interprétations que l'amour de l'Eglise et l'amour de notre chère patrie, deux amours inséparables. Quand on se tient sur ce terrain, on peut parler haut et ferme, et complétant la parole du poète, le dernier d'entre vous peut dire : « Je *crains Dieu* et j'aime Dieu ; j'aime mon pays et je sers mon pays : je n'ai point d'autre crainte et d'autre amour. »

Que ces réunions soient une occasion de nous retremper dans la vie militante pour le bien ; nous devons tous sortir meilleurs de cette antique métropole de Provence.

A deux pas de nous sont les débris de cette vieille chapelle du Sauveur, où saint Maximin, notre premier Apôtre, a célébré,

pendant de nombreuses années, les saints mystères ; où Marthe
et Madeleine, nos saintes provençales, vinrent souvent recevoir
le corps de l'hôte divin de Béthanie. Nous sommes sur les
dalles qui recouvrent les restes de vos archevêques, où tant de
générations se sont agenouillées, criant vers Dieu dans les innombrables tribulations qui les ont visitées : « *Interroga ma-
jores tuos, et dicant tibi.* Interrogeons nos ancêtres, ils nous
répondront qu'ils ont lutté pour la loi de Dieu, pour la conservation de la foi, pour la liberté de la justice et de la charité. »
Nous sommes leurs fils ; leurs exemples et leurs actions sont
votre héritage. Ils aimèrent l'Eglise, ils aimèrent leur patrie :
l'un et l'autre furent le prix de leur sang. *Generoso sanguine
parta* : c'est votre devise aixoise et provençale.

Aimons l'Eglise et notre patrie ; aimons-les d'autant plus
qu'elles sont plus éprouvées. Rappelons-nous que nous servons
un maître qui ne fut jamais ingrat, et jamais à bout de récompenses.

Travaillons au bien sans nous déconcerter, le répandant,
comme saint Paul, à droite et à gauche, par la joie, par la
peine, dans la reconnaissance, dans l'ingratitude.

De ces tombes, qui sont là sous nos pieds, j'entends sortir
cette parole de nos saints livres : « Bienheureux ceux qui meurent dans le Seigneur : leurs œuvres les suivent dans une vie
meilleure. » C'est un avertissement qui nous est donné à tous,
mais à moi plus qu'à vous !

Il me semble que je suis à ce moment formidable où le solennel et funèbre *Dies iræ, dies illa* retentira sur ma froide dé-
pouille. Je me dis : « *Quem patronum rogaturus, cùm vix justus
sit securus.* Quel défenseur invoquerai-je, à une heure où le
juste est à peine en sécurité ? »

Eh bien ! au milieu de mes défaillances et de mes fautes, je
sais quel défenseur j'invoquerai. — « Seigneur, dirai-je, regardez
la face de votre Christ, *respice in faciem Christi tui.* Je l'ai
trouvée sur la terre, la face de votre Christ ; je l'ai trouvée dans
celles des pauvres que j'ai aimés, dans celles de vos amis de
prédilection, les petits enfants, que j'ai cherché à sauver des

mains des Pharaons et des Hérodes. — J'ai voulu vous donner à boire, à manger, vous vêtir, vous loger, et vous instruire dans les ignorants, en leur apprenant à vous connaître et à vous aimer. » Voilà mes défenseurs : ils ont mon absolue confiance.

Ne croyez pas, Messieurs, que ce soit un mérite particulier que je me donne pour me présenter devant mon juge : c'est l'unique carte admise à la porte du ciel ; c'est le texte formel de la sentence du dernier jour ; — vous connaissez l'Évangile.

Il faut que nous sortions meilleurs de nos réunions. Je vous le répète : il faut que nous soyons plus dévoués, plus ardents au travail, plus endurants dans la peine, plus croyants, plus pratiquants.

Classe dirigeante, vous devez diriger par le dévouement, par l'exemple, par la charité ; vous devez dominer, comme Dieu, comme Jésus-Christ, par l'amour : *amore dominaris.*

SÉANCE D'ORGANISATION

N sortant de la Métropole et vers 10 heures 1/2, les membres de l'Assemblée provinciale se rendirent à l'ancien hôtel de l'Intendance. Deux cent cinquante personnes étaient présentes. (1)

C'est dans la grande salle de cet hôtel, décorée avec goût sous une habile direction, que devaient se tenir les réunions du samedi.

Un bureau provisoire est aussitôt formé par quelques membres du Comité d'Initiative, sous la présidence de M. Henry Boissard, ancien procureur général.

Lecture est donnée des lettres d'excuse écrites par les personnes qui n'avaient pu se rendre à l'Assemblée; parmi ces lettres se trouve celle de M. le Duc de Sabran-Pontevès, retenu au dernier moment.

L'objet de la première séance était la constitution du bureau et des commissions. Mais il fallait auparavant

---

(1) Les membres de l'Assemblée furent admis sur la présentation de cartes délivrées par le Comité d'Initiative et portant, avec le nom du titulaire, l'indication du groupe auquel il appartenait. — La Compagnie P. L. M. avait bien voulu étendre, pour eux, le périmètre et la durée des billets d'aller et retour.

Le service d'ordre était assuré par des jeunes gens de bonne volonté qui remplirent, pendant les deux jours, les fonctions de commissaires.

que le Comité d'Initiative vint, en déposant ses pouvoirs, rendre compte du mandat qu'il s'était provisoirement attribué.—Cette mission fut remplie par M. Boissard.

ALLOCUTION DE M. HENRY BOISSARD

MESSIEURS,

L'assemblée dont nous inaugurons en ce moment les travaux, n'est pas un incident isolé; il s'en produit de semblables sur tous les points de la France. C'est un mouvement général dont M. de Mun a été le promoteur.

Vous en connaissez le but; il n'est pourtant pas inutile de le bien préciser.

Nous ne sommes pas ici pour faire de l'histoire : l'histoire ne se fait pas en deux jours. Nous ne sommes pas ici pour récriminer contre le passé : nous venons de prier pour nos pères ; ce n'est pas le moment de les critiquer. Comme nous, ils ont voulu travailler au bien du pays. S'ils n'ont pas réussi, efforçons-nous de faire mieux, mais ne les jugeons pas trop sévèrement. (*Marques d'assentiment*).

Tout à l'heure en regardant ces draperies funèbres qui semblaient envelopper sous leurs plis les derniers restes de la vieille France, je me disais : « Eh bien non ! Tout cela n'est pas mort. Il n'y a pas une ancienne France et une France nouvelle, il n'y a qu'une seule France, qui ne renie rien de son passé, qui est vivante, bien vivante, et qui ne mourra pas. » (*Applaudissements*).

Il y a cent ans, un Roi à qui aujourd'hui tous les partis rendent justice et qui aimait tous les Français comme ses enfants, s'adressait à eux et leur disait : « Apportez-moi vos plaintes, vos doléances, vos vœux, et nous travaillerons ensemble à accomplir les réformes nécessaires. »

Aujourd'hui, le Roi n'est plus là pour nous convoquer. Eh bien, nous nous convoquons nous mêmes et nous disons à tous ceux qui souffrent, à tous ceux qui réfléchissent et qui peuvent indiquer des réformes utiles : « Venez à nous, apportez-nous vos plaintes, vos doléances et vos vœux. » *(Applaudissements)*.

Nous, catholiques, nous sommes convaincus que si la société est malade, c'est parce qu'elle a voulu chasser Dieu de son sein. Nos pères avaient inscrit sur leur drapeau les principes les plus généreux ; mais ils avaient eu le tort d'oublier que ces principes ont été apportés dans le monde par le christianisme et qu'ils sont inapplicables dans une société où Dieu n'a plus sa place. Ces principes, nous les revendiquons parce qu'ils sont à nous et nous demandons à les appliquer. *(Applaudissements)*.

Voilà notre pensée ; mais nous ne l'imposons à personne. Nous nous adressons à tous les hommes de bonne foi, sans aucune distinction de parti. Nous leur demandons de nous faire connaître leurs idées ; nous leur promettons de les étudier avec une entière sincérité et de nous efforcer de propager celles qui nous paraîtront utiles.

Plaignons ceux qui ne veulent pas entendre la plainte du pauvre ! Plaignons ceux qui dans un temps où toutes les lois du travail ont été transformées par la création de la grande industrie, ne comprennent pas qu'il y a des réformes nécessaires ! Plaignons ceux qui ne connaissent l'ouvrier que pour crier *au secours*, le jour où il descend dans la rue ! *(Applaudissements unanimes)*.

Quant à vous, Messieurs, vous êtes tous des hommes de bonne volonté, décidés à employer vos intelligences et vos forces pour le bien du pays. Voilà pourquoi je vous salue et je vous remercie.

Je vous remercie particulièrement, au nom de la ville d'Aix, d'avoir bien voulu accepter son hospitalité. C'est une bonne et sainte tradition qu'aux anniversaires tous les membres de la famille viennent se réunir dans la vieille maison paternelle. Voilà pourquoi vous êtes venus ici. Soyez les bienvenus et mettons-nous au travail. *(Triple salve d'applaudissements)*.

Après cette allocution, l'Assemblée procède à la nomination du bureau. Sont élus :

Président d'honneur : M. le duc de SABRAN-PONTEVÈS ;
Président : M. le colonel comte de L'EGLISE :
Vice-Président : M. le marquis de BOISGELIN ;
Secrétaire général : M. le comte de VILLECHAIZE ;
Secrétaires : MM. Marius DURAND et Louis GIBBAL.

Sur la proposition du Comité d'Initiative, exprimée par M. Boissard, l'Assemblée décide qu'elle conservera dans ses commissions le groupement des quatre classes d'intérêts sociaux adopté pour l'enquête préparatoire. Elle passe ensuite à l'élection des présidents qui devront réunir autour d'eux les représentants de ces diverses catégories et choisit :

1° Dans la *COMMISSION DES INTÉRÊTS RELIGIEUX ET MORAUX :*

Groupe de la Religion : M. le chanoine PAYAN D'AUGERY, vicaire-général de Marseille ;

Groupe de l'Enseignement, des Mœurs et de l'Assistance : M. Ernest MICHEL, avocat à Nice.

2° Dans la *COMMISSION DES INTÉRÊTS PUBLICS :*

M. le vicomte de SALVE-VACHÈRES, propriétaire, conseiller général des Basses-Alpes.

3° Dans la *COMMISSION DES INTÉRÊTS INDUSTRIELS ET COMMERCIAUX :*

Groupe des Arts-et-Métiers : M. T. SABATIER, fondeur, président du Conseil des Prud'hommes d'Aix.

Groupe du Commerce : M. B. CHAIX-BRYAN, négociant
à Marseille.

4° Dans la COMMISSION DES INTÉRÊTS AGRICOLES :

M. SOUBRAT, ancien conseiller à la Cour d'Appel, président du Comice agricole d'Aix.

Ces diverses nominations étant achevées, M. le colonel
de L'Eglise prend place au bureau et prononce les paroles
suivantes :

ALLOCUTION DE M. LE COLONEL DE L'ÉGLISE

MESSIEURS,

Je ne veux pas attendre ce soir pour vous remercier de l'honneur dont je viens d'être l'objet.

En m'appelant à remplacer celui que l'éclat de son nom. uni
de siècle en siècle à l'histoire de Provence, désignait d'avance
à vos suffrages, vous avez voulu faire la part du Comtat Ve-
naissin auquel j'appartiens et que les conditions du temps
présent rattachent à votre pays.

Il ne faut rien moins que ce motif pour me décider à prendre, même en second rang, la présidence de notre assemblée ;
car si je ne considérais que ma personne, je me sentirais aussi
incapable que peu digne de cette charge. C'est la première fois,
en effet, que je me présente devant un auditoire aussi nombreux et j'avoue que ma carrière ne m'a pas habitué au manie-
ment de la parole.

Il est vrai, Messieurs, qu'une chose me rassure : c'est que
ni vous ni moi nous ne sommes venus ici pour prononcer de
longs discours.

A. P.   4

Depuis les mois déjà nombreux que s'accomplissent les travaux préparatoires de cette assemblée. vous vous livrez sans vain éclat, à une enquête sérieuse. Les deux cent mille questionnaires répandus par le Comité d'Initiative ont porté, dans toutes les communes de Provence, l'instrument d'observations impartiales.

Sur un grand nombre de points, des réunions ont eu lieu et ce sont les délégués de ces réunions locales qui forment la majeure partie de cette assemblée, où elles apportent les vœux adoptés par chacune d'elles.

Nous sommes donc, Messieurs, une réunion de travail. et voilà pourquoi je me présente à vous simplement et sans l'apprêt d'un discours que je ne saurais pas faire.

En vous donnant rendez-vous dans cette vieille capitale qui réunissait. il y a cent ans, les représentants de tout ce qui faisait alors la Provence, vous avez voulu tout d'abord jeter un regard sur le grand mouvement de 1789 et rendre à vos pères cet hommage que s'ils ne furent pas sans illusions et sans erreurs, l'élan de leurs âmes fut généreux et sincère. (*Applaudissements*).

Mais ce n'est pas tout.

Les principes qui, sous l'action des légistes et des philosophes, s'emparèrent peu à peu de la société française et furent en 89 proclamés officiellement, ont aujourd'hui porté leurs fruits.

Il en est résulté une souffrance universelle que ne parvient pas à dissimuler l'heureux sort de quelques privilégiés et dont les masses populaires cherchent le remède jusque dans les systèmes les plus dangereux.

Vous êtes réunis pour montrer les causes de cette souffrance, proclamer sans détour les remèdes qui vous sont révélés par votre conviction chrétienne et jeter hardiment, au milieu des vaines luttes des partis, les bases d'une organisation sociale. (*Marques d'assentiment*).

Il ne m'appartient pas, Messieurs, de vous devancer dans cet exposé qui remplira nos deux journées de travaux. Laissez-moi seulement vous féliciter de la forme que vous avez su donner à votre œuvre, car elle est, à elle seule, l'expression visible de l'esprit dont vous êtes animés.

Laissez-moi saluer les vieilles libertés provençales qui renaissent aujourd'hui comme il y a cent ans, mais avec un esprit plus chrétien et sur des principes plus solides ! *Applaudissements et bravos*.

L'autonomie provinciale ! Voilà bien ce qui ressort de cette assemblée spontanément réunie. Voilà bien ce qui avait disparu depuis la Révolution, trop fidèle héritière de l'absolutisme de l'ancien régime et ce dont la disparition cause, en grande partie, notre faiblesse d'aujourd'ui.

Toutes les libertés ont été supprimées, dans notre régime de centralisation à outrance, au profit de Paris, ce monstre qui aspire toutes les forces de la France et qui ne lui rend en échange qu'une effrayante démoralisation. *Assentiment*.

Mais parmi ces libertés, l'autonomie provinciale est une des premières et la garantie des autres. C'est par elle que s'accomplira la substitution nécessaire d'un régime vraiment représentatif des droits et des intérêts à ce parlementarisme contre lequel le pays se soulève aujourd'hui. *Applaudissements unanimes*.

Voilà pourquoi, et je vous en félicite, vous avez donné à cette manifestation de vos plaintes et de vos vœux, une forme qui est elle-même un de vos premiers besoins et qui contribuera puissamment à la satisfaction des autres.

Car votre œuvre, Messieurs, n'est pas l'œuvre d'un jour et c'est avec bonheur que j'ai relevé, dans vos cahiers préparatoires, le désir universellement exprimé de voir une commission permanente survivre à cette assemblée, travailler au groupement des intérêts et servir de trait d'union entre notre réunion de ce jour et celles qu'un avenir, peut-être prochain, réclamera de nouveau sans nul doute.

Il vous appartiendra de nommer les membres de cette commission.

Vous aurez à désigner, en même temps, ceux qui, le mois prochain à Paris, vous représenteront à l'assemblée générale, où les délégués de toutes les provinces qui ont suivi l'exemple si bien donné à Romans, viendront arrêter ensemble le programme social qui ressort des cahiers de 1889.

Pour tout dire, Messieurs, ce que nous commençons aujour-d'hui ne finira pas demain soir.

C'est un grand mouvement qui se prépare ; nous devons en espérer les plus grands résultats, et voilà pourquoi je vous remercie de nouveau d'avoir bien voulu m'y associer, en m'appelant à remplacer au bureau M. le duc de Sabran-Pontevès. (*Applaudissements prolongés*.

M. le Secrétaire général demande la parole pour indiquer à chacune des Commissions les locaux qui leur sont attribués. Il annonce que la première séance générale sera tenue à 4 heures de l'après-midi, pour la lecture des rapports et l'exposé des vœux adoptés par la Commission des Intérêts Religieux et Moraux.

La séance est levée à 11 heures et quart.

SÉANCES DES COMMISSIONS

A 11 heures, les Commissions se réunirent dans les différentes salles qui leur avaient été préparées, soit à l'hôtel de l'Intendance, soit à l'Eden-Théâtre d'Aix.

Les membres de l'Assemblée se répartirent dans l'une ou l'autre, suivant les groupes qu'ils représentaient ou leur profession personnelle.

Les séances furent interrompues à midi, reprises à 2 heures et terminées à 4 heures de l'après-midi. Grâce au mouvement préparatoire de l'enquête, une somme considérable de travail put être achevée en ce court espace de temps ; les Commissions trouvèrent la base de leurs débats dans les vœux adoptés par les réunions locales.

Ces débats n'en furent pas moins vifs et animés, excepté toutefois dans le groupe du grand Commerce, qui ne comprenait qu'un très petit nombre de membres. Celui de l'Industrie n'était représenté par aucun.

Il serait difficile de mentionner ici tous les membres qui prirent part aux délibérations (1). Quant aux délibérations elles-mêmes, on en trouvera le résultat dans le texte des vœux présentés aux séances générales.

(1) Il est cependant indispensable de rappeler que dans le groupe de la Religion, Mgr l'Archevêque d'Aix était représenté par M. le Chanoine Guillibert, Mgr l'Évêque de Marseille par M. le Chanoine Payan d'Augery suppléé par M. l'Abbé de La Paquerie, et le Révérendissime Abbé des Bénédictins de Marseille par le R. P. dom Lévêque.

Les rapporteurs chargés de les présenter avec leur exposé des motifs furent :

Pour la *Religion* : M. le Chanoine GUILLIBERT ;
Pour l'*Enseignement* : M. l'Abbé BARNAVE ;
Pour la *Famille* et l'*Assistance* : M. de MONLÉON ;
Pour l'*Administration* et les *Finances* : M. MICHEL-COLOMB :
Pour la *Justice* : M. E. TAVERNIER ;
Pour l'*Armée* et la *Marine* : M. l'Amiral RALLIER DU BATY ;
Pour les *Arts-et-Métiers* : M. T. SABATIER :
Pour le *Grand Commerce* : M. H. BERGASSE ;
Pour le *Commerce en Magasin* : M. H. JULLIEN ;
Pour l'*Agriculture* : M. A. JAUFFRET.

Il est nécessaire d'observer que MM. Michel-Colomb et Bergasse, retenus au dernier moment, ne purent se rendre à l'Assemblée. Les mémoires envoyés par eux, au nom des groupes qu'ils présidaient à Marseille, furent néanmoins adoptés comme rapports par les commissions des Intérêts publics et du grand Commerce.

La grande Industrie n'étant pas représentée, aucun rapporteur ne pouvait être désigné. — Dans le groupe des Arts-et-Métiers, M. Sabatier fut prié de vouloir bien, quoique président, lire, comme rapport, le travail qu'il avait préparé en son nom personnel.

PREMIÈRE SÉANCE GÉNÉRALE

A séance est ouverte à 4 heures, dans la grande salle de l'ancien hôtel de l'Intendance.

M. le Colonel de L'Église préside, ayant à ses côtés les membres du bureau, ainsi que les présidents et les rapporteurs des Commissions (1). Quatre cents personnes sont présentes.

M. le Colonel de L'Église prend la parole et prononce l'allocution suivante :

MESSIEURS,

J'ai eu ce matin l'honneur de me présenter à vous et de vous adresser mes remerciements. Il est donc inutile que j'y revienne, d'autant plus que le temps nous est compté et que la séance doit comprendre les trois rapports et les vœux présentés par la Commission des Intérêts Religieux et Moraux.

Je vais, tout de suite, donner la parole à M. le Chanoine Guillibert, vicaire général de l'Archidiocèse d'Aix, pour la lecture de son rapport et l'exposé des vœux adoptés par le groupe de la Religion.

Mais auparavant, permettez que je vous adresse un avis.

Les vœux adoptés par les Commissions et les Groupes vous seront présentés aussitôt après la lecture du rapport corres-

---

(1) On n'a pas cru devoir signaler ici les mouvements d'auditoire qui accompagnèrent chaque rapport. — Il sera facile d'y suppléer, suivant l'impression produite par la lecture.

pondant. Chacun d'eux sera l'objet d'un vote spécial qui pourra, s'il y a lieu, être précédé d'une discussion. Tout membre de l'Assemblée sera donc libre de formuler son opinion, mais à la condition de le faire en des termes assez brefs pour que notre ordre de travail ne soit pas trop bouleversé.

La parole est à M. le Chanoine Guillibert.

M. le Chanoine Guillibert, prenant place à la tribune, présente à l'Assemblée le rapport suivant :

RAPPORT DE M. LE CHANOINE GUILLIBERT

MESSIEURS,

En conviant le clergé à prendre part à l'enquête sur l'état social de la France en général et de la Provence en particulier, les promoteurs de ce vaste mouvement ont pensé que le prêtre, témoin journalier, immédiat et spécialement autorisé de la situation morale des populations, pourrait apporter à vos études sincères un appoint utile et des expériences éprouvées.

Attachés d'ailleurs par état à l'immuable doctrine, nous n'en jugerons que mieux les phénomènes qui passent, semblables en cela à la bouée immobile sur les flots, qui mesure, par ce fait même, la marche du navire.

Les questions proposées à l'examen du groupe *Religion* ont donné lieu à de remarquables études particulières que vous regretterez de ne pouvoir connaître dès aujourd'hui [1]. Mon devoir de rapporteur est de les résumer ici.

(1) Ces études ont pour auteurs MM. d'Ombras, Straforello, Castellan, Gambert, du clergé de *Marseille*; Pastoret, du clergé de *Toulon*; C. Abeau, Rascoin et F. Mallet, du clergé d'*Aix*.

Ces questions peuvent se résoudre toutes en la suivante : Quels sont, en matière religieuse, les résultats dus à l'influence du mouvement de 1789 ?

I

Quatre-vingt-neuf, on aura à le répéter sans cesse en ces deux jours, a eu du bon et du mauvais.

Premièrement donc : le mouvement louable de 89 a-t-il eu une heureuse influence sur les choses de la religion ?

Oui : — mais presque malgré les hommes ; grâce à l'intervention de la Providence et à la sagesse divinement éclairée de la Papauté.

J'ai parlé du Concordat de 1801. On sait avec quelle folle illusion et quel enthousiasme vers l'inconnu les esprits les meilleurs marchèrent, tête baissée, sur le terrain religieux lui même, sauf à pousser un cri d'effroi, en se voyant, un jour, au bord du schisme, et à se redresser soudain confesseurs de la foi et martyrs.

Après dix ans d'anarchie religieuse qui vit, — et tout particulièrement en Provence, — encore plus d'héroïsmes que de faiblesses, le Concordat fut signé. Chose étrange au premier aspect, il choqua presque autant les plus ardents des catholiques qu'il dépitait les philosophes et exaspérait les jacobins.

Que ceci n'étonne pas outre mesure : c'est le privilège insigne de la Papauté que ses actes les plus décisifs pour le bien des peuples ne soient entièrement compris qu'un certain temps après leur promulgation ; et la raison en est toute simple : c'est qu'elle seule voit de très haut et regarde très loin.

Le Concordat, si incomplet, si condescendant que la nécessité ait dû le faire, a pleinement assuré les bases essentielles de la religion en France, et ouvert une ample carrière à l'apostolat des âmes, comme l'expérience l'a montré. Aujourd'hui, malgré les interprétations étroites ou oppressives qu'on lui a fait subir, il paraît toujours aux catholiques leur meilleure sauvegarde et les politiques réfléchis en redouteraient la dénonciation.

C'est à la saine influence du mouvement réformateur de 1789 qu'il convient d'attribuer aussi l'extinction de tout un ensemble d'institutions et de coutumes, utiles sans doute à l'origine, mais la plupart dégénérées en abus, et qui, détournant le clergé du soin assidu des âmes, lui dérobaient en mille procédures et contentions la paix nécessaire à la prière.

Le désordre de la commende a finalement disparu aussi ; et si le clergé a aujourd'hui l'honneur d'être pauvre, il ne voit pas du moins, comme celui qu'on appelait trop alors le clergé de second ordre ou le bas clergé, les portions congrues réduites à quelques setiers de blé, quand les bénéficiers titulaires oisifs envahissaient la capitale ou dormaient dans leurs sinécures. Les Cahiers du Clergé d'Aix sont particulièrement pleins de doléances à cet égard ; mais nul n'a plus spontanément appelé à ce sujet d'éclatantes réformes que Mgr du Lau, l'illustre archevêque martyr, envoyé par sa ville métropolitaine d'Arles aux États-Généraux.

Un troisième et considérable résultat est à signaler : le retour sans réserves, sans malentendus, de la France catholique vers le Pape, notre père commun. Pie VI est mort chez nous. Pie VII, qui par sa toute-puissance apostolique avait, d'un coup, reconstitué l'Église de France, l'a deux fois parcourue, dans le triomphe et dans l'exil. Les Français avaient retrouvé leur Dieu : ils retrouvèrent leur père. Rome et la France avaient toujours été amies ; elles devinrent intimes. Ce courant salutaire n'a fait que se développer. Nous en avons presque tout le profit. C'est là qu'il faut trouver le principe et la grâce du mouvement chrétien social dont j'aurai tout à l'heure à parler. Mais Pie IX et Léon XIII ont su dire aussi ce qu'ils doivent à la France, quand il s'agit de l'unité de la foi, de la défense du Saint-Siège et de la propagation de l'Évangile.

II

Ce 89, artisan de saines réformes ou occasion d'heureuses fortunes, c'est celui que nous acceptons. Passons à l'autre, celui qui s'appelle de son vrai nom la Révolution française.

Qu'a-t-elle voulu, en fait de religion, en dépit des perfidies équivoques qu'elle a intérêt à perpétuer, et à l'abri desquels conspirent les pervers et dorment, trop tranquilles, les braves gens ? Quel fut en définitive l'objet essentiel, selon le style des récentes apothéoses, de la « tâche héroïque… grandiose… « des grands ancêtres, qui ont ouvert une ère nouvelle dans « l'histoire et fondé un régime nouveau sur la raison et la jus- « tice ? »

Mirabeau — aussi à Versailles — l'a dit, lui, du moins, avec une claire vue du but et dans toute la crudité de son éloquence sinistre : « La Révolution veut déchristianiser la France. »

C'est cela : Jésus Christ, voilà l'ennemi ! Et quelle méthode pour atteindre ce but ?

Chasser Dieu de l'organisme social ;

L'étouffer dans le cœur du peuple ;

Tenir sous le joug ce qui en reste.

Bien entendu, dans la littérature classique *ad usum Delphini…* je veux dire à l'usage des pupilles de l'ère nouvelle, cela se traduit ainsi :

Indépendance reconquise de l'État ;

Liberté de conscience ;

Police du culte.

Au temps où les Pharaons d'Egypte écrasaient Israël, la formule était encore plus brève : *Opprimamus eos sapienter.*

L'article 3 de la Déclaration des Droits de l'Homme porte : « Le principe de toute souveraineté réside essentiellement dans « la Nation ; » et l'article 6 ajoute : « La loi est l'expression « de la volonté générale. »

En transformant ainsi en principe fondamental de toute autorité et de tout droit ce qui n'en est en réalité que le

canal et l'organe, 89 a solennellement mis Dieu à la porte du
pouvoir et de la loi ; mais par là même il a dû expulser tout
ce qu'il y a d'éternel et d'absolu dans la raison et dans la justice
et n'adopter plus pour « principes » que l'arbitraire et l'intérêt.
— C'est évident et c'est ce qu'ils veulent : l'homme à la place
de Dieu ; la théocratie de l'idole à la place de la glorieuse
obéissance au Dieu vivant ; la passion au lieu du devoir ; la
tyrannie de César et du nombre, au lieu de la tutelle de Jésus-
Christ et de son Eglise.

Messieurs, on a tellement habitué nos oreilles à l'énoncé des
« principes de 89 », qu'ils ne nous scandalisent plus assez ; et
parmi ceux qui les proclamèrent, combien dont l'imprudente
candeur n'en comprit qu'à demi le sens ! Il y a là pourtant,
en soi, vu surtout les circonstances, uniques dans l'histoire
d'un peuple, au sein desquelles ils furent promulgués, l'insur-
rection la plus audacieuse qu'ait jamais osée la créature contre
les droits imprescriptibles de Dieu. — Les hommes qui menaient
tout par derrière le savaient, ceux-là.

Des désordres, des crimes, des oppressions et des révoltes, la
tyrannie ou l'anarchie, avec leurs cortèges d'excès, de rapines
et de carnage, l'histoire en est pleine ; car « l'homme lui-même
est plein de misères. » Tout ceci du moins demeure dans
l'ordre des faits. Mais diviniser d'un trait de plume cette humanité en en faisant l'unique source de la justice et des droits, et
reléguer d'autorité « l'Etre suprême » dans les loges de son ciel,
d'où il exercera sur nous des « auspices » impuissants, c'est plus
que la naïve forfanterie de grands enfants qui veulent retourner le globe : tranchons le mot : c'est la plus sacrilège des
impiétés.

Ajoutez maintenant avec emphase, comme si vous en faisiez
la découverte, les maximes du Décalogue et de l'Evangile ; ne
sentez-vous pas, si votre Déclaration des Droits de l'Homme a
quelque logique, que ces éternelles vérités ont ici l'air d'une
pure effusion sentimentale ou d'une amère ironie ?

Voilà pourtant ce *Credo* révolutionnaire, devenu axiome
indiscutable et sacré comme un dogme qu'on ne raisonne

plus, à la base de nos constitutions depuis un siècle. Sept
régimes ont succédé à la Constituante : aucun n'a voulu ou n'a
osé le désavouer. La Restauration en a, comme elle a pu, atténué
l'influence ; d'autres en ont habilement déguisé la portée ; mais,
encore une fois, tous ont laissé, dans les flancs de la patrie,
le virus morbide de 89, qui la tuera, si elle ne l'élimine. La
France aura-t-elle à attendre à jamais son Garcia Moreno ?

Les mœurs fort heureusement résistent assez longtemps encore à l'influence des idées. Les anciennes habitudes du pays
assurèrent à l'Église, pendant une bonne partie de ce siècle,
d'honorables prérogatives et une certaine participation aux
choses publiques. 1830 d'abord, 1870 et 1877 ensuite se sont
particulièrement chargés d'achever l' « affranchissement » de
l'État. Vous avez suivi depuis douze ans, Messieurs, les dernières étapes de cette marche progressive. Épargnez-moi d'y
revenir encore. Le marteau de l'effraction du domicile privé
des religieux retentit encore à nos oreilles. On ne prie plus,
là où l'on parque de force l'enfant du pauvre ; on le puni-
rait s'il osait parler du bon Dieu auquel croit sa mère. —
Un artiste illustre a représenté sur la toile la dernière char-
rette des condamnés du 8 thermidor ; c'est avec les larmes des
mères qu'il peindra le dernier tombereau, charriant aux décom-
bres de la voirie les derniers crucifix des écoles.

III

Que pouvait devenir et qu'est devenue en fait la vie chrétienne, au sein d'un peuple dont on décapitait systématiquement
les croyances, en réduisant à l'état de simple opinion subjective,
susceptible d'être modifiée au gré de chacun ou détruite par
l'évolution du temps, le christianisme qui avait enfanté la nation
française et s'était incarné dans ses infortunes comme dans ses
gloires, par la plus indissoluble des unions ? On pouvait le
prévoir alors ; et nous, hélas ! nous le voyons.

Une minorité d'élite, préservée par des traditions de famille.
éclairée par de fortes études. guidée par des secours de choix,

réagira sans doute ; et, grâce à Dieu, c'est ce qui est advenu. Oui, par un contraste superbe, bien propre à réveiller nos courages, et qui nous porte à espérer contre toute espérance, le mouvement social en faveur du droit public chrétien, — droit, il faut en convenir, dont les meilleurs esprits en 1789 semblaient avoir totalement oublié la notion, — marche et s'impose avec des progrès et une autorité devant lesquels les maîtres du monde se prennent eux-mêmes à compter aujourd'hui.

Mais le peuple, les hommes surtout, nos grandes masses plébéiennes de l'industrie, du commerce, de l'agriculture, l'ouvrier et le paysan, pris dans leur ensemble, où en sont-ils ? Eux n'ont pas le temps de faire l'étude métaphysique de leur destinée : ils obéissent, et plus le caractère de la race est franc et honnête, plus docilement ils obéissent au mouvement imprimé d'en haut. Que la religion soit en honneur, ils ne demandent pas mieux après tout que de lui être fidèles ; qu'elle soit, par ceux qui commandent, dédaignée, méprisée, jugée avec méfiance ou hostilité, fatalement ils s'en écarteront, poussés par un secret instinct d'intérêt ou de crainte, comprimés par je ne sais quel pli général, plus fort que la conviction intime et tyrannique comme une mode.

Je le veux, il y a d'heureuses exceptions : mettons à part quelques régions modèles ; et pour nous circonscrire en notre chère Provence, signalons les riches et populeuses paroisses, toujours vaillamment chrétiennes, de anciens Etats du Pape, sur la rive gauche de la Durance. Marseille a Séon-Saint-Henri et d'autres joyaux. Le Var et les Alpes ont aussi leurs oasis privilégiées. Partout, d'infatigables efforts commencent à éclairer et à nous ramener le travailleur des villes. Mais le paysan, demeuré si longtemps le fonds de réserve des forces vives ; lui, plus lent à descendre, ne semble-t-il pas bien loin encore de songer à remonter ? C'est vrai : la foi était jadis en France un air ambiant qui enveloppait et pénétrait sans effort les consciences. Le croyant était plus heureux : peut-être avait-il moins de mérite. Aujourd'hui la foi est pour chacun le prix d'une lutte ; moins répandue dans les masses, moins sereine dans l'âme, elle

y est peut-être plus active ; elle voudrait compenser son isolement et corriger sa tiédeur par la multiplicité de ses œuvres et
l'ardeur de ses dévouements. Dieu voit ces bons vouloirs et cette
transformation des forces ; il les fécondera. Donc, espérance,
espérance ! Mais en attendant ne nous illusionnons pas. Le gros
du peuple, sans avoir renié sa foi, ne vit plus, ne s'inspire plus
d'elle. Le matérialisme l'a envahi, l'épuise et le tue. Il dort, je
le veux bien ; mais de ce « sommeil » dont le Christ seul peut
le ressusciter.

***

De bonne foi, quel frein voudraient souffrir les passions, alors
qu'on les déclare, sur tous les tons, un affranchissement, une
liberté, un droit ?... Et s'agit-il même toujours de passions,
je veux dire de ces exubérances de sentiment, de ces bouillon-
nements de sève, avec leurs amours, leurs haines, leurs dépits,
leurs audaces, grands ressorts de la vie, qui selon leur objet
firent les héros ou les scélérats ? Je crains bien que le rouleau
n'ait nivelé là comme ailleurs. C'est la race qui va s'affaiblissant,
dit-on. Peut-être ; mais elle s'affaiblit surtout parce que les
forces morales, levier des caractères et de l'activité féconde, s'en
sont allées peu à peu avec la foi religieuse. Que reste-t-il finalement à un peuple égoïste, qui ne sait plus aimer et qui veut
jouir ? La loi est fatale : la satisfaction des appétits amène le
dégoût et avive le désir. Dès lors on a besoin d'excitants plus
vifs et plus âpres. L'art, la presse, la spéculation, complices des
bas instincts, en créeront tous les jours, sous toutes les formes ;
et puis quand les ressorts de l'âme seront brisés, viendront alors
les merveilles de la chimie pour galvaniser tant soit peu des
vieillards de trente ans... l'alcool, la morphine, jusqu'à la suprême ressource du revolver.

On parlait autrefois des « débordements » de la jeunesse ;
n'est-il pas plus juste de parler aujourd'hui de ses impuissances ?
Quand le fleuve tarit, son lit étale çà et là des flaques d'eau
verdâtre, croupissant sous une végétation empestée. En vérité,
les écarts de la jeunesse qui ne croit plus ont quelque chose de
sénile. C'est froid, sceptique, calculé. Oh ! les mines espiègles,

rubicondes, franchement gauloises des mauvais sujets du Pré aux Clercs! Oh! les gais démons et fiers truands du compagnonnage! Ancien régime que tout cela. L'étudiant contemporain a les joues creuses, le teint blême, l'œil inquiet : la vie l'ennuie. L'enfant du peuple sans foi... demandez-en des nouvelles au romancier trop célèbre, dont les volumes souillent les librairies comme une mare de boue. Il n'y a que les moines qui sachent rire, dit quelque part un de nos plus sagaces critiques. Il dit vrai ; mais à qui la faute si le peuple ne rit plus ?

Pour achever ce triste tableau, il faudrait signaler ici le dernier fruit d'automne des sociétés en décrépitude : je veux dire la défaillance morale poussée jusqu'au crime, et au crime que la loi n'atteint pas et qui ne déshonore plus : empêcher la vie de naître autour de soi et se l'arracher à soi-même. Ces deux suprêmes lâchetés en face du suprême devoir, dans les proportions où elles s'accentuent, pour la ruine et le châtiment de la nation, portent, on en conviendra, un cachet essentiellement moderne. Le duel également déplorable, mais qui exige au moins quelque bravoure, nous vient de nos ancêtres du moyen-âge.

⁂

Je serais injuste si je supposais des maux aussi funestes, déjà à leur comble. Qui niera pourtant que les tendances générales, ouvertement protégées par les doctrines nouvelles, ne mènent là ? Et comment demeurer impassible, quand on voit le plus loyal, le plus confiant des peuples, justement avide de liberté et de progrès, entrainé fatalement, par ceux qui l'abusent, à la décomposition et à la mort !

Et en effet, pour nous borner aux seules sphères accessibles à la masse, journaux, théâtres, ateliers, écoles, cabarets, bouges, autant d'officines où, à des doses diverses, s'élabore, se débite, s'aspire le poison qui énerve les âmes et celui qui tue les corps. Comment les mœurs du peuple tiendraient-elles, en de semblables conditions ? Et de peur que quelque proie manque à l'universelle curée, voici que mille sociétés à étiquettes diverses, enrôlent la jeunesse pour la discipliner au pli convenu, tandis que la franc-maçonnerie, l'âme de tout, projette au loin ses tentacules, soulevant à propos le jeune ambitieux qui veut parvenir, serrant sous l'étreinte le pauvre fonctionnaire chargé de famille, exploitant à la fois et la crédulité naïve et les perversités résolues : la marée ne cesse de monter. Mais plus la situation s'aggrave, plus aussi elle se simplifie.

Le peuple français semble arrivé à cette alternative décisive : ou bien sombrer en masse dans l'abîme béant du socialisme, ou, par un effort suprême, se jeter sur le rocher du Calvaire, tenant la patrie enlacée dans ses bras : l'attacher à la croix d'où coule le sang qui seul donne la vie, et chanter avec elle l'hymne de la liberté reconquise :

> Je vois, je sais, je crois, je suis désabusée.....
> Je suis chrétienne enfin !

Il est temps de conclure. — On peut sans témérité, rapporter au mouvement réformateur de 89 le concordat, la belle discipline du clergé français actuel, le plein retour de la France chrétienne vers la direction et l'esprit du Saint-Siège.

Par contre, au mouvement révolutionnaire de 89, sont dûs :

1° Les nouveaux principes sociaux, contraires à la saine raison et à la foi : attentatoires à Dieu, aux libertés de la personne et de la famille, et à la liberté de l'Église ;

2° Le déplorable état religieux où se trouve réduit la majeure partie du peuple.

Mais du mal même la Providence a coutume de tirer le bien : le siècle inauguré en 89 a vu renaître, grandir et se propager une vaste action sociale catholique de plus en plus affermie. Des dévouements, des charités, des sacrifices égaux, supérieurs même à ce que les siècles passés avaient vu accusent au cœur du pays une sève chrétienne toujours vigoureuse et féconde, et présagent le réveil de la foi, même au sein des couches compactes qui semblaient vouées à une décomposition sans remède.

Non, la France de Geneviève, de Jeanne d'Arc, du Sacré-Cœur ne périra pas !

La Provence de saint Maximin et de saint Lazare entendra encore le cri vainqueur de la mort : « Lève-toi, et marche ! »

A. P.

M. le chanoine Guillibert présente les vœux du Groupe
de la Religion qui sont adoptés, un à un, sans discussion.

VŒUX RELATIFS A LA RELIGION

L'Assemblée provinciale de Provence, réunie à Aix les 11 et
12 mai 1889, en ce qui concerne les questions religieuses, émet
les déclarations et les vœux ci-après, les soumettant respectueu-
sement, comme de droit, au jugement du Souverain Pontife et
de NN. SS. l'Archevêque d'Aix et les Évêques de la province,
juges, en leurs diocèses respectifs et en matière religieuse, des
doctrines et des opportunités.

I. — L'Assemblée, attendu que Dieu a voulu la société pour
procurer aux individus le plein exercice de leurs droits naturels
et l'acquisition de leur fin surnaturelle ;

Que la théorie du contrat social, appliquée en France depuis
1789, méconnaît l'action de la Providence ainsi que le fait
divin de l'Incarnation, et conduit fatalement à l'absorption de la
liberté humaine sous la loi aveugle et irresponsable de la force
et du nombre ;

Émet le vœu que chacun de ses membres, dans la sphère de
son action, travaille, sans vouloir porter atteinte aux institutions
établies, à faciliter la connaissance et à procurer un jour
l'adoption des principes du droit public chrétien, entendus dans
le sens des définitions de l'Église et notamment des encycliques
de Léon XIII.

Ces principes exigent la distinction et, en même temps, l'union
des deux puissances ecclésiastique et civile ; s'adaptent à tous
les régimes politiques ; assurent le plein essor des libertés particulières, en tout ce qui est vrai, beau et bien ; adoucissent les
rapports de subordination nécessaires à l'unité sociale ; protègent l'individu, la famille et les associations légitimes contre
l'oppression du plus fort ; et respectent en fait les opinions

dissidentes et la conscience de chacun, dans les limites des nécessités de l'ordre public.

C'est pourquoi l'Assemblée, s'élevant au-dessus des compétitions des partis et de leurs respectives revendications, proclame les droits imprescriptibles de Dieu et le règne social, en France, de notre Seigneur et Dieu Jésus-Christ.

Et à ce sujet, accédant à des désirs qui, pour être d'un ordre intime, n'en sont pas moins sacrés, elle souhaite que la France soit, au plus tôt et comme nation, consacrée au Sacré-Cœur.

Elle émet aussi les vœux suivants :

II. — Que le pouvoir temporel du Pape soit rétabli ;

III. — Que le Pape redevienne, comme autrefois, l'arbitre des peuples chrétiens, afin de prévenir les conflits sanglants qui pourraient éclater parmi eux ;

IV. — Que le Concordat de 1801 soit respecté, non-seulement dans sa lettre, mais encore dans son esprit, et affranchi des dispositions législatives et administratives qui en ont restreint la portée et en gênent l'application ;

V. — Que la faculté de s'associer pour la prière, l'éducation de l'enfance et le service des pauvres, ne soit pas rayée des libertés de droit commun, et que le fait d'être consacré à Dieu ne prive personne de ses droits de citoyen.

M. le Président donne la parole à M. l'Abbé Barnave, ancien élève de l'École Normale supérieure, directeur de l'École Salvien à Marseille, pour la lecture de son rapport et des vœux présentés par le Groupe de l'Enseignement.

RAPPORT DE M. L'ABBÉ BARNAVE

I

MESSIEURS,

Tout enseignement suppose un maître. Le mot *maître* a deux sens bien différents, que la langue française et la langue latine expriment par un seul mot : *magister*, le maître qui enseigne, qui donne l'instruction ; le maître qui possède, qui commande, qui dirige, qui dispose de ce qui lui appartient.

Être maître dans la plénitude du sens de ce mot, c'est avoir sur une nature morale des droits de propriété, de domination, d'où résulte pour elle un état de dépendance complète ; c'est avoir en même temps une supériorité de doctrine et de sagesse suffisante pour parler avec autorité à son intelligence qu'on veut éclairer, à sa volonté qu'on prétend diriger ; en un mot, c'est avoir sur cette nature morale l'ascendant à la fois le plus absolu et le plus légitime.

À ce point de vue, il n'y a qu'un seul maître. Vous l'avez nommé : c'est Dieu. Tout ce qui n'est pas Dieu, non seulement dans son être qui n'a commencé et ne se maintient que par Dieu, mais encore dans sa manière d'être, dans la direction et le développement de ses puissances, dépend absolument de cette nature divine, sa source, sa règle et sa fin.

Donc, toute domination qui s'exerce à l'encontre de l'autorité de Dieu, est une véritable usurpation ; toute entreprise sur la formation d'une intelligence, d'une nature morale, qui se produit en dehors de la volonté de Dieu est une anomalie, un désordre, un mal.

Cette autorité de direction et d'enseignement, Dieu, Messieurs, la transmet à la famille dans la personne du père. La dépendance de l'enfant par rapport au père est l'image la plus complète de celle du père par rapport à Dieu. L'enseignement du père, le seul à l'origine, est ensuite continué, à mesure que la raison s'éveille dans l'enfant, par celui de la conscience, l'écho de la loi naturelle, la voix de Dieu dans chaque âme raisonnable.

À ces deux autorités du père de famille et de la conscience individuelle, vient s'ajouter une troisième autorité, établie par Dieu et indéfectiblement assistée par lui pour compléter, diriger et, s'il y a lieu, rectifier, dans l'ordre religieux et moral, l'enseignement des deux premières. C'est l'Église.

L'enseignement moral et religieux par la famille, par la conscience, par l'Église, s'impose donc, de droit divin, à toute créature humaine, antérieurement et supérieurement à tout autre.

Ces trois enseignements sont, à la rigueur, les seuls absolument nécessaires et indispensables. Tous les autres sont destinés à les compléter dans les divers ordres de connaissances, sans jamais pouvoir les remplacer, sans jamais pouvoir les contredire ni les méconnaître.

L'État n'a donc pas de droit, en fait de doctrine et d'enseignement, à exercer une domination sur la famille, sur la conscience, sur l'Église. Il ne peut au contraire enseigner légitimement qu'avec la délégation de la famille, l'assentiment de la conscience et sous le contrôle de l'Église.

L'État n'est pas, en effet, quelque chose de préexistant et de supérieur à la famille. La famille existe, le père et l'enfant avec leurs droits et leurs devoirs respectifs, existent avant l'État. La famille est l'élément primordial de la société, ce qu'on pourrait appeler la molécule sociale. Un nombre considérable de familles agglomérées forment originairement un état, c'est-à-dire établissent au-dessus d'elles, par délégation de l'autorité qu'elles tiennent de Dieu et dont l'État se trouve dès lors investi, un pouvoir central qu'elles reconnaissent et doivent respecter, et dont la fin est de veiller surtout à leur sécurité intérieure et extérieure, à maintenir le bon ordre par l'administration de la justice, à favoriser leurs intérêts matériels, et, dans certains cas, si les vœux du pays le réclament, leur développement intellectuel et moral.

Tels sont, Messieurs, les vrais principes sur la nature et les rapports, en matière d'enseignement, de la famille, de l'Église et de l'État.

II

C'étaient ces principes qui présidaient à l'organisation de l'enseignement en France avant 1789. L'enseignement primaire était donné par l'Église dans des écoles diocésaines ou dans des écoles particulières, choisies par la famille et placées sous le contrôle de l'autorité épiscopale, gardienne de la doctrine religieuse et morale. L'enseignement secondaire était distribué, sous le contrôle de l'Église, dans un grand nombre de collèges établis par des fondations pieuses, ou créés et soutenus par les municipalités, et disséminés sur tous les points du territoire, de manière à éviter, avec les déplacements, les inconvénients de la séparation de la famille et le danger des grandes agglomérations. Des villes relativement peu importantes, avaient alors des collèges florissants.

L'enseignement supérieur était donné par vingt-deux universités, fondées sous les auspices de l'Église, ayant chacune leur autonomie, leurs ressources, la libre répartition de leurs branches d'enseignement, suivant les besoins des contrées.

Ainsi, de la base au sommet, c'était l'exercice de l'initiative privée, municipale, provinciale, sans l'ingérence de l'État et sans les charges énormes que le budget de l'instruction publique fait peser aujourd'hui sur les contribuables. Et voyez, Messieurs, si les résultats de ce système n'étaient pas supérieurs à ceux du système actuel : les chiffres sont assez éloquents. En 1789, sur une population de 25.000.000 d'habitants, il y avait 72.747 élèves et 562 collèges, sans parler de ceux des Jésuites, supprimés en 1762. Il y a quelques années, la statistique officielle, pour une population de 38.000.000 d'habitants, signalait 381 lycées ou collèges et 72.341 élèves.

L'enseignement primaire offrait une situation moins brillante, mais très satisfaisante cependant, à en juger par les Cahiers. Pour

Marseille, en particulier, elle ne laissait rien à désirer. D'après
un travail remarquable de M. Sardou, il y avait en 1789, à Marseille, 17 maîtres d'école, et 81 maîtresses d'école, dont 63 pour
les filles et 18 pour les petits garçons. Tel est l'état de chose
avant 1789.

III

Que devient-il après ? Un seul mot le représente, le *Monopole*,
l'omnipotence exclusive de l'État enseignant. Ce monopole s'in-
carne dans un homme, génie puissant, vaste intelligence, volonté
de fer, Napoléon. Cet homme extraordinaire vit surtout dans
l'organisation de l'enseignement le moyen le plus puissant de
façonner à son idée et à ses goûts cette société qui s'était jetée
dans ses bras, avide d'ordre et de sécurité. L'Université impériale sortit toute armée de son cerveau, toute prête à enrégimenter
les intelligences dans les écoles, comme l'armée enrégimentait
les corps. La création immédiate de 29 lycées, avec 6,400 bour-
siers scolaires, mit entre ses mains un contingent sans cesse
renouvelé de jeunes gens appelés à devenir serviteurs fidèles ou
partisans dévoués de l'idée impériale. Cette préoccupation de
propagande par la jeunesse cultivée des écoles secondaires était
si dominante chez le créateur de l'Université, qu'il organisa très
faiblement l'enseignement supérieur, et négligea entièrement
l'enseignement primaire, qui resta complètement délaissé jusqu'à la loi de 1833, sous le ministère de M. Guizot.

Messieurs, je ne voudrais pas dire ici le moindre mal injuste
ou seulement inutile de l'Université, à laquelle j'ai appartenu, où
j'ai compté des maîtres éminents, auxquels je dois beaucoup, où
je compte encore des amitiés aussi honorables que chères;
mais avec tous les égards dus aux personnes, tous les respects
dûs au caractère et au talent, mon rôle m'appelle à me prononcer sur l'institution.

On pourrait, Messieurs, faire plusieurs reproches à l'Université : se plaindre, par exemple, qu'elle ait toujours conservé de
l'esprit révolutionnaire qui plana sur son berceau, une tendance
sceptique, et, sinon l'hostilité ouverte, au moins la défiance om-

brageuse envers l'Église, dont elle a toujours refusé nettement ou habilement esquivé le contrôle et la direction. On pourrait dire que si elle a obtenu de brillants résultats dans l'instruction, elle est par son organisation même, qui en fait une administration c'est-à-dire quelque chose d'absolu, de systématique, de cassant, tout à fait incapable en fait d'éducation, cette tâche si délicate, si minutieuse, toute de nuances et de tempéraments ; que même en fait d'instruction, par suite de son régime de centralisation autoritaire, elle a passé, suivant les époques et les ministres, de l'immobilité systématique et routinière, aux fantaisies les plus hardies de changements et d'innovations, d'essais de méthodes et de programmes.

Tous ces griefs, je ne veux pas les opposer aujourd'hui à l'Université. Je ne lui ferai qu'un seul reproche, mais grave, mais capital : son monopole, et l'application si particulièrement cruelle et odieuse qui s'en est fait depuis la dernière loi et qui se continue tous les jours.

IV

Voyez, en effet, Messieurs, tout ce qu'il y a de dangereux, de fatal dans un principe faux. C'est surtout sur l'enseignement primaire, sur celui qui s'adresse au peuple, dont la Révolution se proclame avant tout la protectrice, que le monopole de l'État, ce dogme essentiellement révolutionnaire, s'est retourné par les plus odieuses conséquences.

Vous le savez, la loi sur l'enseignement secondaire n'exclut pas l'enseignement religieux du collège ou du lycée : mais pour le peuple, pour le pauvre, pour l'ouvrier, l'école officielle est devenue l'école sans Dieu. Le peuple, de par la loi, doit subir un enseignement athée, au moins indirectement, ou chercher un refuge à sa foi et à sa conscience dans les écoles libres.

Je sais avec quelle sainte énergie les familles chrétiennes parmi les ouvriers et les pauvres, se sont révoltées contre cette oppression ; je sais combien les écoles libres, ouvertes et subventionnées par la charité chrétienne, se sont multipliées au

prix des plus grands sacrifices, combien elles sont fréquentées,
les chiffres sont là pour le dire. Mais ce qui est douloureux,
c'est qu'il ait fallu les créer ; ce qui est encore plus douloureux,
c'est qu'il n'ait pas été possible d'en créer partout.

L'impôt le plus lourd et le plus révoltant que puisse faire
peser l'État sur un peuple libre, ce n'est pas l'impôt sur l'argent,
ce n'est pas même celui du sang ; c'est l'impôt des âmes, et
que de communes encore, en France, où cet impôt se paie !

Pour vous faire saisir, Messieurs, sur le point capital de
l'enseignement du peuple, le contraste douloureux entre le
régime de liberté avant 89, et le monopole qui a suivi, permettez-moi un rapprochement. Transportons-nous par la pensée
dans un même village de Provence, et aux deux époques différentes. Nous voici par exemple, si vous le voulez bien, en
1789, sur le petit chemin vicinal qui conduit au village. Un édifice attire nos regards au milieu de tous les autres qu'il
domine. C'est l'église. Nous sommes à l'heure de la sortie des
classes. Des enfants joyeux s'élancent de l'école en groupes
bruyants. L'école est voisine du presbytère. Le curé est sur le
pas de sa porte. Les enfants le saluent avec un respectueux
empressement. Le prêtre sourit à leurs joyeux ébats, à toutes
ces physionomies franches et ouvertes.

En 1889, revenons, si vous le voulez, dans le même village.
Nous sommes encore frappés par la vue d'un édifice grandiose ;
mais ce n'est pas l'église ; c'est un palais scolaire où on donne
l'enseignement officiel, sans aucune rivalité d'enseignement
libre : les ressources du village n'ont pas permis d'y penser.
Tous les enfants du peuple ont dû passer par l'école officielle. Ils
sortent en ce moment. L'aspect de visages étrangers a éveillé leur
curiosité. Ils s'arrêtent. La vue de la robe du prêtre a provoqué
chez plusieurs un sourire railleur ; puis des mots insultants et
grossiers se répètent autour de lui. Quelques enfants se taisent
et le regardent avec une expression triste de timide et muette
sympathie. Ce n'est pas là seulement de l'imagination, Messieurs ; ce sont, en partie, des impressions personnelles que je
vous raconte. Que faire devant un pareil spectacle ? Plaindre et

plaindre profondément ces enfants, et surtout condamner et flétrir énergiquement le régime scolaire qui a amené de pareilles tristesses.

J'oubliais de vous dire que sur les murs de ce palais scolaire se lisent en gros caractères les mots de : Liberté, Égalité, Fraternité. Quelle ironie sanglante, Messieurs! Liberté! le père et la mère n'ont pas été libres de garder à leur foyer ces chers enfants que la loi est venue arracher de leurs bras pour les jeter dans cette école appelée palais, et devenue une prison. Égalité! les compagnons de leur âge, appartenant à des familles riches, ont pu, par cette richesse, trouver dans une ville voisine un enseignement qui ne fût pas hostile à leur foi. Fraternité! ils sentent bien, hélas! qu'ils ne sont pas les frères de ces heureux privilégiés qui ont quitté le village pour la ville, et puis la fraternité n'est-elle pas disparue de l'école, depuis qu'on a emporté l'image de Celui qui disait : « Laissez venir à moi les petits enfants », les accueillant et les réunissant tous auprès de lui comme de petits frères.

Ainsi en sont les choses au moment où je vous parle, dans plusieurs villages de France.

Ah! que nous sommes loin des rêves et des espérances de liberté qui électrisaient nos pères, il y a cent ans. Quel avenir ils entrevoyaient! Qu'il était riant et serein, ce ciel de mai 1789, où n'avait pas encore éclaté la foudre du 14 juillet, ni l'orage des 5 et 6 octobre, ni surtout le météore sanglant du 21 janvier!

Replaçons-nous, Messieurs, par la pensée et le souvenir, dans cette atmosphère de sérénité et d'espérance. Entrevoyons avec confiance, reprenons avec courage l'œuvre de résurrection sociale rêvée par ces morts vénérés sur la tombe desquels nous avons prié ce matin, mais mettons surtout notre appui dans Celui qui se nomme la résurrection et la vie pour les sociétés comme pour les âmes. On a voulu faire disparaître son image de nos places publiques, de nos tribunaux et de nos écoles. Ramenons son règne dans notre vie et dans nos mœurs,

en attendant de le ramener dans nos institutions et dans nos
lois, et dans cette espérance saluons-le par ce cri cher à la foi
antique de notre nation : « Vive le Christ qui aime les Francs ! »

Après la lecture de ce rapport, l'Assemblée adopte les
vœux dont la teneur suit :

VŒUX RELATIFS A L'ENSEIGNEMENT

I. — Considérant que le droit d'enseignement appartient pri-
mordialement à la famille et à l'Église ; que l'initiative leur en
revient, et subsidiairement à tous les groupes d'intérêts légitimes ;
qu'aux pouvoirs publics reste le devoir de protection et d'en-
couragement : l'Assemblée émet le vœu que ces principes soient
totalement et intégralement appliqués.

II. — L'Assemblée, se préoccupant des inconvénients multiples des programmes au point de vue des intelligences, de la
gène apportée à la liberté du développement des aptitudes et
du vrai progrès des études, émet le vœu que les programmes et
les examens qui en sont la suite soient remplacés par un examen professionnel passé, à l'entrée de chaque carrière, devant
une commission d'hommes spéciaux.

III. — Considérant que l'application même restreinte de la
liberté de l'enseignement supérieur a prouvé la fécondité de
l'initiative privée en cette matière, l'Assemblée émet le vœu que
la liberté de cet enseignement soit complète et absolue, à la
réserve des écoles techniques préparatoires à la défense nationale qui incombent à l'État.

La parole est donnée à M. Charles de Monléon, rapporteur du Groupe de la Famille, des Mœurs et de l'Assistance
publique.

RAPPORT DE M. CHARLES DE MONLÉON

> La religion pour flambeau, l'histoire
> pour guide, la famille pour unité sociale.
> (Marquis de La Tour-du-Pin Chambly,
> *Essai sur les cahiers de 1889*. Asso-
> ciation catholique. — Mars 1880.)

MESSIEURS,

La famille ! y a-t-il une autre question sociale que celle-là ? N'exagérons rien : la famille est certainement le côté le plus élevé, le plus profond, le plus vaste, le plus essentiel de la question sociale. Posséder des familles autonomes, voilà le fait primordial, voilà la condition indispensable, si l'on veut voir tous les facteurs sociaux venir, en se superposant à celui-là, se mettre chacun à sa place normale, régulière, légitime.

Sans doute, la famille a besoin des institutions politiques ; elle en a besoin comme rempart extérieur ; mais les institutions politiques ont un besoin bien plus grand de la famille. Des lois constitutionnelles, si savantes, si habilement combinées qu'on les suppose, ne résisteront pas au premier choc, si elles ne reposent sur la société naturelle par excellence.

La liberté dont nos contemporains parlent si volontiers et avec tant d'abondance, la liberté dans l'État, n'est possible qu'à la condition expresse que l'unité soit dans la famille. « Régime de liberté est synonyme de coaction paternelle. » Cette parole profonde d'un illustre moraliste de notre temps, nous la dédions volontiers à tous les vrais amis des gouvernements pondérés. Qu'on nous donne un peuple dont la famille soit l'unité sociale et qu'on nous raconte de lui les choses les plus merveilleusement héroïques ; rien ne nous étonnera. Brisez la famille et que ce même peuple s'appuie uniquement sur l'individu isolé ; et puis attendez-vous à toutes les chutes, aux plus lamentables défaillances. En vérité, voilà la clef qui ouvre toutes les portes de l'histoire de notre grand et malheureux pays.

I

Au commencement, Dieu crée l'homme et aussitôt il le place
dans son élément en lui donnant une famille. Cette famille, c'est
la société universelle. — *Crescite et multiplicamini et replete
terram et subjicite eam.* — Toutefois, dans la grande famille
humaine, la famille proprement dite, celle que nous nommons,
habituellement et plus particulièrement, la famille naturelle,
doit demeurer toujours distincte, intègre, puissante et forte.
— *Quamobrem relinquet homo patrem suum et matrem, et
adhærebit uxori suæ; et erunt duo in carne una.* — La famille,
comme toute société, exige impérieusement l'autorité; sans
autorité il peut y avoir des foules, des multitudes, des cohues;
de société véritable il n'en saurait exister; la société vit de
l'autorité. Quand celui qui est auteur et, par conséquent, autorité
par essence, celui de qui toute autorité découle comme de sa
source, juge nécessaire de promulguer la charte de l'autorité,
c'est à la famille qu'il l'adresse, c'est dans la paternité qu'il en
enferme la formule adéquate : *honora patrem*; et en voilà pour
tous les siècles. On aura beau dire et beau faire, cela ne chan-
gera plus : *memor verbi quod mandavit in mille generationes.*

Hélas ! dans ce bel ordre, la liberté de l'homme ou, pour
parler avec saint Thomas, c'est-à-dire tout-à-fait exactement, le
défaut de la liberté de l'homme — *defectus libertatis*, — a, presque dès le premier jour, introduit le désordre. Le péché a
contaminé l'œuvre parfaite de Dieu. A partir de ce moment,
deux cités se forment. Ici nous allons essayer de suivre, de
loin, l'incomparable docteur en histoire qui s'appelle Bossuet.
Dans les premiers chapitres, presque tous admirables, de sa
Politique, le précepteur du Dauphin retrace magistralement la
naissance et les accroissements de ces deux cités au sortir de
l'arche et surtout à partir de *Babel*. D'un côté les grands conqué-
rants, les grands empires, Babylone, Ninive, Thèbes : Nemrod
— *porro Chus genuit Nemrod: ipse cœpit esse potens in terra.
Et erat robustus Venator* — Assur, Sémiramis, Sésostris,
Cyrus, Alexandre, tous les Césars avant la lettre : c'est le

règne de la force. De l'autre côté, des sociétés plus modestes, moins éclatantes, moins bruyantes, des sociétés où se conserve religieusement la tradition primitive, sociétés patriarcales où l'autorité a pour origine la paternité, sociétés qui sont comme le développement de la famille : c'est le règne de la vertu.

Messieurs, comment ne pas témoigner de notre profonde gratitude pour M. Le Play, l'éminent homme de bien, quand, grâce à lui, nous constatons, là où fut le berceau de l'homme, l'existence permanente de ces sociétés patriarcales devenues, peut-être, ce qu'il y a, socialement parlant, de meilleur sous le soleil, depuis la rupture presque complète des peuples modernes avec l'Évangile ?

II

Dans les premiers âges de l'humanité, alors que les chefs des grands empires parcouraient, avec ou sans prétexte, des continents entiers afin de satisfaire ce que les Allemands modernes appelleraient l'instinct dominateur, il est certain que les petites sociétés patriarcales devaient être, plus d'une fois, troublées dans leur tranquillité. Aussi les voit-on, de bonne heure, se ramasser, s'unir, s'organiser politiquement. Citons deux grands états qui, l'un et l'autre, ont eu cette origine : les Juifs et les Romains. La race juive s'est élevée à une hauteur morale qu'il serait oiseux d'aller chercher chez aucun autre peuple de l'antiquité. Mais au premier rang de ceux qui s'en éloignent le moins il faut inscrire la race romaine. Quelle admirable institution que la *gens* ; quelle source de vertus ; quel réservoir presque inépuisable de courage, de dévouement, d'abnégation : quelle imposante figure que celle du *pater familias* à la fois prêtre, roi, législateur, juge ; du *pater familias* mettant la main à la charrue et faisant ainsi de sa pacifique monarchie, le véritable royaume du travail !

Nous savons bien que les vertus romaines sont matière à contestation : mais c'est, croyons-nous, faute de vouloir *distinguer* que l'on dispute sans pouvoir arriver à s'entendre. En réalité, il y a dans les annales de la cité du Quirinal et du Palatin, trois phases bien distinctes :

Il y a la *phase aristocratique*, phase de la frugalité, de la pauvreté, de la discipline, des bonnes mœurs, du devoir, du bien.

Il y a la *phase oligarchique* qui est à la première ce que, chez nous, *l'ancien régime* est au *régime chrétien*.

Il y a enfin la *phase démocratique*, contradiction totale de la phase aristocratique, sa négation, son renversement. Le peuple romain aristocratique était une confédération de *gentes* : le peuple romain démocratique se présente comme l'intraitable, le mortel ennemi de la famille. Il ne s'est pas donné de repos, il n'a pas eu de cesse jusqu'à l'émiettement total, jusqu'à la pulvérisation absolue de la *gens*. Et alors *l'individualisme* et l'égoïsme sont montés au Capitole, côte à côte, sur le même char de triomphe. Nommer le siècle de César et d'Auguste, avec ses divorces sans nombre, avec ses captations où le ridicule le dispute à l'odieux, avec ses testaments ignominieusement révoltants ; cela ne dispense-t-il pas de toute démonstration ? Tous les étais de la famille tombent les uns après les autres et la *Novelle 118* de Justinien qui renverse le plus solide de tous, la *proprité familiale*, la Novelle 118 continue purement et simplement un état de choses qui dure depuis plus de 500 ans. La *gens romana*, cet arbre qui plonge ses racines dans la tradition primitive du genre humain, la *gens romana* a vécu. Rome et son droit sont désormais l'expression légale de *l'isolement* en bas et du *despotisme* en haut : deux choses que l'on parvient très difficilement à séparer.

Quand la famille a sombré définitivement chez les descendants des Fabius, des Claudius, des Quinctius, il reste encore un César romain, un empire romain, une administration romaine, des provinces romaines, des légions romaines : mais de peuple romain il n'y en a plus. M. Guizot attribue ce lamentable phénomène à la disparition de ce qu'il appelle assez vaguement : la *classe moyenne* : c'est, non une classe, mais la famille dans toutes les classes qui a disparu et, avec elle, le peuple tout entier. Les Barbares arrivent : une seule chose les jette dans l'effroi : le silence de mort qu'ils rencontrent partout. Avant de s'habituer à ce *nihilisme*, volontiers ils auraient soupçonné un piège et n'étaient les évêques — les grands évêques catholiques — en vérité ils auraient fini par croire que, sur la surface entière de l'Occident, l'homme avait fait place à la race inférieure, à la race méprisable aux yeux même des plus grands philosophes de l'antiquité, à la race sans famille et sans droits, à la race servile, en un mot. On a écrit volumes sur volumes au sujet des invasions et des envahisseurs ; les Barbares ont des admirateurs passionnés et des détracteurs systématiques ; — la vérité serait une moyenne entre les uns et les autres ; — nous ne pensons pas qu'on puisse équitablement refuser aux Germains d'avoir ramené sur leurs chariots des lambeaux de la tradition patriarcale.

III

C'est sur ces ruines, Messieurs, que l'Église a entrepris de créer de nouveau une famille et quelle famille ! la famille féodale ; un peuple et quel peuple ! le peuple des croisades, des communes, des chevaliers, le peuple chevalier ; un ordre social et quel ordre social ! la république chrétienne. Qu'on y regarde de près, la république chrétienne, société ouverte s'il en fut jamais, ouverte à toutes les constitutions, à toutes les polices, à toutes les races, à toutes les formes politiques ; la république chrétienne ne réclame que deux choses essentielles : en haut l'Église, — la grande famille humaine ravivée, sublimée par N.-S. Jésus-Christ ; — en bas et comme fondement, la famille naturelle. Charlemagne, cet homme si grand, au dire de J. de Maistre, que la grandeur a envahi son nom, Charlemagne a employé toute une longue vie d'apostolat à propager ces deux choses sacrosaintes : l'Église, la famille. Trouve-t-on qu'il ait perdu son temps ? Par lui commence l'ère du règne social de Jésus-Christ. Quel roi de justice et de charité que Louis de Poissy, le sergent de Dieu ? Mais aussi quel fils et quel père ?

Blanche de Castille, la femme forte, lui a dit aux jours de son enfance : « J'aimerais mieux vous voir mort que coupable d'un seul péché mortel : » parole révélatrice par laquelle nous devinons ce que devaient être les sujets qui méritaient de tels princes ; parole qui donne le dernier mot de l'éducation sous le règne de l'Évangile ; parole qui montre comment, jadis, on formait des hommes et comment nous pourrions en former encore. Or voyez comme, pour le fils de Louis le Lion, cette éducation a porté ses fruits, comme l'enfant est demeuré plein de gratitude pour la mère. Est-ce que la régente n'est pas, jusqu'à sa mort, presque aussi souveraine que le roi est souverain ; n'a-t-on pas dit, — il y a partout des langues mauvaises, — que la bonne et douce Marguerite de Provence était un peu jalouse de sa belle-mère ? Voilà le fils. Maintenant admirons le père : « Avant de se « coucher au lit — ainsi parle Joinville — le roi faisait venir ses « enfants et leur rapportait les faits des bons princes pour qu'ils « prissent modèle sur de tels hommes ; il leur rapportait les faits « des mauvais afin, disait-il, que vous puissiez vous en garder et « que Dieu ne se courrouce pas contre vous. » Puis à Philippe, son fils aîné, il adressait ce conseil particulier : « Aime ta « mère et l'honore, retiens ses bons enseignements ; aime tes « frères et sois leur en lieu de père. » Nous appelons votre attention sur ce dernier trait, parce qu'il est la synthèse des mœurs au moyen-âge : honore ta mère, retiens ses bons enseignements ; sois un père pour tes frères. Grands saints de ces siècles héroïques, Grégoire VII, Alexandre III, Innocent III, Grégoire IX, Boniface VIII, venez donc, vous-mêmes, nous dire quel aide, quel secours, pour lutter contre la tyrannie renaissante, vous avez trouvés dans ces familles chrétiennes, stables, puissantes et fortes ?

Hélas ! en toute chose humaine, il y a une fin, comme il y a un commencement ; souvent c'est au temps de la splendeur la plus haute que naît le germe de la corruption. Et n'est-ce pas là précisément le moyen dont Dieu se sert pour montrer, d'une manière précise, constante, pratique, que le seul bien véritable pour nous c'est, en définitive, le bien éternel. Déjà sous Charles

le Sage la République chrétienne est battue en brèche : la
Renaissance sort de son berceau. La Renaissance ! vocable
écourté — non pas sans cause, peut-être — vocable écourté et
dont la signification totale peut se traduire ainsi : Renaissance
de l'esprit païen et de mœurs païennes. La Renaissance sociale
et littéraire ne tarde pas à trouver son expression politique dans
l'ancien régime. À la paix du *droit chrétien* va succéder la *lutte
entre le Droit chrétien et le Droit romain.*

IV

À l'endroit de notre *ancien régime* nous sommes tous disposés à ne pas marchander les aveux. Et d'abord, il s'est incarné en deux hommes, Richelieu et Louis XIV, grands par
bien des côtés, mais qui, il le faut reconnaître, n'ont vu que
l'une des faces de nos traditions séculaires. Les yeux constamment fixés, exclusivement fixés sur la Royauté, ils ont fini par en
exagérer les droits, à telles enseignes qu'ils ont, en dernier ressort, orienté la Monarchie sur le Césarisme. L'*ancien régime* a
livré la *coutume* à l'interprétation des *légistes :* autant valait la
supprimer. En plaçant à la tête de la noblesse les gentilshommes qui consentaient à passer leur vie dans les anticham-
bres du Roi, il a singulièrement diminué le second ordre de
l'État. Les provinces, dans ses mains, sont descendues à un
degré d'anémie presque incroyable. Sous les intendants, les
communautés nous apparaissent dans une sujétion telle qu'il
faut les communes actuelles pour imaginer quelque chose de
moins indépendant. Après avoir fait des corporations un engin
du fisc, l'ancien régime a fini par les supprimer tout à fait sur
un caprice des *économistes*. Sommes-nous au terme de la con-
fession ? Hélas non et voici quelque chose de plus grave encore :
certes on ne peut pas taxer l'ancien régime d'impiété, non ;
mais de combien de manières n'a-t-il pas cherché à se donner
une religion à lui, une religion pour lui, une religion à sa
taille ? En somme, l'ancien régime a miné, faussé ou amoindri
nombre de nos institutions : cela est vrai, mais ce qui l'est peut-
être autant, c'est qu'il n'a pas porté la main — une main sacri-

lège — sur l'institution centrale, sur la maîtresse institution, sur le cœur même des institutions. En 1789, la famille est là, encore, dans son *unité*, dans sa *majesté*, dans sa *liberté*. Et cela seul suffirait pour placer l'ancien régime à mille toises au-dessus de tout ce qui lui a succédé.

Ainsi les juristes qui tenaient, dans les conseils souverains, une place si grande, si décisive ; les juristes qui nous avaient, dès lors, poussés si loin dans leur voie, les juristes se seraient arrêtés en chemin ? L'*individualisme* est leur objectif universel et ultime : comment ne l'ont-ils pas obtenu du Roi en faisant miroiter devant ses yeux la toute puissance sans contrôle, le *bon plaisir* absolu qui était bien définitivement au bout de cette conquête suprême ? Ont-ils craint de trop demander au sang de saint Louis ? C'est probable. N'ont-ils pas entrevu, de bonne heure, une autre voie plus sûre qu'on prendrait au moment opportun pour arriver au même but ? Il est difficile d'en douter.

Que la famille fût encore fortement constituée alors que nous nous donnions le luxe inutile et surtout dangereux d'une Constituante, trois ordres de preuves suffisent à le démontrer surabondamment.

1° *L'unité de la famille.* — Grâce à M. l'abbé Delourny, qui ne connaît, à cette heure, la *loy de Beaumont* ? Elle possédait de vastes régions dans le nord de la France et elle était basée sur le *suffrage universel*. Ne prenez pas l'alarme, Messieurs : et pourtant, nous en convenons, nombre de nos coutumes se trouvaient dans le même cas : elles se géraient par le suffrage de tous. Quand il s'agissait des intérêts d'une commune, — nous disons : des *intérêts*, nos ancêtres avaient trop de sens commun pour faire vider les questions de *principes* par des majorités, — tous les habitants étaient convoqués : mais sait-on bien quels étaient les *électeurs* qui composaient le *conseil général* encore en 1789 ? Les pères de famille. Faire voter le fils en face du père, donner la victoire aux fils sur les pères, cela n'aurait pas semblé seulement irrespectueux, cela aurait paru surtout irrationnel. La famille s'inscrivant en faux contre son représentant naturel, quelle folie !

2° *La majesté de la famille.* — L'expression en veut être étudiée, non exclusivement dans des dissertations dont les auteurs peuvent être plus ou moins prévenus, mais surtout dans les faits : ceux-ci sont d'autant plus probants qu'ils n'ont eu, en se posant, nulle intention de prouver une thèse quelconque. Voici, par exemple, un acte d'émancipation donné par M. de Ribbe :

« Le père étant assis sur une chaise et son fils devant lui à deux
« genoux, tête nue, a mis les mains de son fils entre les siennes :
« et lors, s'inclinant à la prière et réquisition d'icelui, de son pur
« gré, franche et libre volonté, l'a émancipé et mis en liberté
« et hors de la puissance paternelle : sauf naturellement l'hon-
« neur, respect et amitié que lui doit son fils stipulant et hum-
« blement remerciant.

« En signe de quoi, son dit père, élargissant ses mains, a
« relaxé celles de son dit fils, l'a mis et le met en pleine liberté,
« le *faisant père de famille* (1). »

Quelle simplicité et quelle grandeur ! Dans le saint Évangile, Jésus-Christ se qualifie lui-même de maître et de seigneur : *vos vocatis me Magister et Domine et bene dicitis : sum etenim* (Jean, XIII, 13). Au-dessous de ce maître omniscient, au-dessous de ce seigneur omnipotent, il y a, dans chaque famille particulière, une sorte de préposé qui, par délégation divine, assume la double charge d'enseignement et de gouvernement : c'est le père. Le père *nourrit* ses enfants. Dans le langage chrétien cela signifie le devoir de leur fournir le pain de la vérité plus encore que le pain matériel : voilà le maître (*magister*). Mais il ne faut perdre de vue ni le péché originel, ni la parole : *noluit intelligere ut bene ageret*, qui en est comme le prolongement. Pour que l'enseignement fructifie, pour qu'il prévale, il faut que le père soit armé du pouvoir de ramener les égarés : il importe qu'il possède l'autorité nécessaire pour contraindre : voilà le seigneur (*dominus*).

Dans toute la France le droit, pour le père, d'enseigner et de

____

(1) Voir G. de Ribbe, *Les Familles et la Société en France avant la Révolution*, Liv. 2, chap. 1 et 2.

gouverner était consolidé par le droit d'exhérédation, par le
droit, aussi, de disposer entre vifs à cause de mort: et cet ensemble constituait l'une de nos grandes coutumes chrétiennes. Dans
certains pays, cette coutume portait un nom significatif et
solennel: l'*Institution domestique*. En 1789, on la trouve vivante
et entrée si fort avant dans le cœur de tous que, de prime abord,
la Convention n'ose pas y contredire. Hélas! ce bon mouvement,
ou — si l'on ne veut pas admettre même un bon mouvement
dans cet antre de sauvages — cette crainte salutaire devait
durer peu.

3° *La liberté de la famille*. On est libre quand on est chez
soi, dit-on assez communément. La liberté d'une corporation,
pour être réelle et agissante, implique la propriété. La famille
française était chez elle : elle avait sa propriété propre, une
propriété mise à l'abri des atteintes et de l'État et des individus. Un savant jurisconsulte provençal, notre contemporain,
va nous édifier sur ce point en nous montrant quel était, à l'endroit de la transmission des biens, l'état de la France entière
en 1789.

Les terres nobles étaient fondées sur le *droit d'aînesse* et la
substitution.

Le Droit écrit (modifié par la coutume chrétienne), les
coutumes de Paris et d'Orléans qui, dans leur ensemble, régis-
saient les trois quarts de la France, avaient pour principe la
liberté testamentaire.

Enfin, dans un petit nombre de provinces, le *partage égal*
avait réussi à s'introduire : mais le danger avait été conjuré,
en partie, pour les *sociétés taisibles*. Quelques-unes de ces
sociétés, comme celles du Nivernais par exemple, ont réussi à
arriver presque jusqu'à nous. Toutefois, l'*ancien régime*, avec
son aversion croissante pour le *droit d'association*, l'ancien
régime avait procuré d'assez grands dommages sur ce terrain.
Trop souvent les paysans de ces provinces étaient tombés dans
la misère. C'est à ces paysans, et non à ceux de tout le royaume,
que s'adresse la boutade connue de La Bruyère.

V

Cela dit, franchissons le fossé profond qui sépare la Révolution de *l'ancien régime* : avançons de quelques années seulement et constatons, la rougeur au front, les surprenants progrès accomplis par nos glorieuses Assemblées. La Constituante d'abord.

La *Constituante !* par quelle incroyable et subite aberration, cette *enseigne* n'est-elle pas parvenue à placer aussitôt tout homme de sens rassis sur le terrain de la plus extrême défiance? Et puis, ce que, dans un premier moment de trouble extrême, le vocable n'avait pas réussi à produire, comment la parole de Mirabeau ne l'a-t-il pas fait? Et quoi! on entendait ce déplorable fils de famille, ce hideux mauvais sujet, auteur plus certain de ses ignominies que de ses apostrophes oratoires ; on l'entendait déclarer que *moins les lois accorderont au despotisme paternel plus il restera de force au sentiment de la nature;* et on n'était pas pris de cette peur qui est le commencement de la sagesse? Insondable mystère! Ou plutôt non, le mystère n'existe pas et la peur existait : mais que faire? La France venait de tomber tout d'un coup, comme on tombe la nuit dans une fondrière. Découronnée — ou à peu près, dès lors — de sa royauté nationale, c'est-à-dire de la dernière survivante de ses institutions séculaires, elle était, désormais, pieds et poings liés, sans retour possible, entre les griffes des pires adversaires de la famille. — Il était trop tard. — A travers nos révolutions incessantes, le mot a depuis fait fortune. La Constituante porte une première atteinte au principe de l'autorité paternelle ; grande victoire pour les juristes qui, depuis longtemps déjà, s'essayaient à faire prendre à la lettre leur aphorisme : *la puissance paternelle n'a point lieu en France* (1).

(1) Guy Coquille qualifie d'*imaginaire* la *puissance paternelle* en pays de *Droit non écrit*. Mais il faut se bien garder de croire les juristes sur parole. Pour eux, la puissance paternelle est avec le droit romain ou bien elle n'est pas. Or, l'histoire nous montre avec une évidence irrécusable que le *despotisme pa*

Mais voici venir la *Législative* qui décrète le *divorce*. Le sang du saint Roi martyr est encore chaud, quand la *Convention* interdit aux pères de disposer de leurs biens par testament.

Divorce, partage forcé, nous en sommes encore là à cette heure!

VI

Messieurs, si nous avions à juger les faits et gestes de notre pays depuis le Concile de Bâle, en 1438, jusqu'à ce jour qui nous voit, nous Provençaux, réunis dans la capitale de notre vieille province, pour aider, dans la mesure de nos forces, à la préparation d'un meilleur avenir, voici de quelle façon nous nous hasarderions à distribuer les responsabilités. D'abord l'ancien *régime* : nous l'incriminerions, très nettement et sans ambages, pour avoir désorganisé l'*ordre politique*. Nous l'accuserions encore, — mais ici avec une sévérité moindre parce que le coupable ne nous semble pas avoir voulu ce mal là, — nous l'accuserions d'avoir porté le trouble dans l'*ordre social* proprement dit. En effet, par le démantèlement des provinces, des corporations et de nombre d'autres coutumes tutélaires, la famille a été mise à découvert et, virtuellement, livrée sans défense aux coups de l'ennemi. La porte était ouverte ; le soldat de Satan s'est précipité dans la maison en menant grand vacarme. La Révolution a commencé par prendre à son compte les ruines faites (elle les appelle des *lois existantes*); puis elle a perpétré, autant qu'il était en elle, la destruction centrale et définitive, la destruction de la société mère de toutes les autres. Alors, dans notre pays, on n'a plus vu debout que deux choses : l'État et l'individu, le maître et l'esclave.

Mesurons la distance qui sépare 1789 de 1889 !

---

ternel romain et l'*individualisme moderne* (qui nous est venu de Rome par Constantinople) sont arrivés au même résultat : la destruction de la famille.

Seule la *Coutume chrétienne*, guidée par le droit canon, a atteint ce milieu qui est le bien véritable : elle a garanti les droits légitimes du père : elle a sauvegardé la juste liberté des fils et, par là, elle a restauré et conserve la famille.

VII

Et maintenant, Messieurs, trouvez-vous que nous devions encore vous parler des *mœurs* en général ? Mais il nous semble que nous n'avons pas fait autre chose depuis le commencement de ce rapport déjà beaucoup trop long. Peut-être convient-il, pourtant, de condenser certains aphorismes que l'on y rencontre çà et là. Après tout, leur signification unique est ce qu'il y a au monde de plus simple : *tant vaut la famille, tant valent les mœurs.* Le grand penseur Savoyard ne nous l'a-t-il pas dit avec sa précision originale et profonde : *c'est sur les genoux de la mère que l'homme se fait.* Or quand la famille baisse, c'est surtout la mère qui diminue. Regardons autour de nous, dans toutes les classes, à tous les rangs ; rien n'est plus facile à vérifier que l'effrayante réalité de cette vérité d'observation. Laissons, s'il vous plait, à nos pauvres maîtres du jour, le monopole des *Manuels civiques* ; attachons-nous exclusivement, nous, à fonder de vraies familles. La famille qui produit sûrement les vertus domestiques et les vertus chrétiennes est encore la source première des vertus patriotiques.

Va-t-on nous opposer la corruption du XVIIIe siècle, alors que, de notre propre aveu, les familles étaient encore florissantes ? Ah ! Messieurs, au nom de Dieu, en ces graves matières, *distinguons*, si nous voulons que l'histoire nous donne, sans hésiter, son décisif témoignage. Certes la cour du Régent, celle de Louis XV, Versailles, en un mot, était devenu un mauvais lieu ; à coup sûr Paris — bien moins corrompu, infiniment moins corrupteur qu'aujourd'hui, toutefois — Paris n'était pas une ville exemplaire ; mais plaçons-nous à distance de ces centres d'infection et de quelques autres en petit nombre ; allons dans nos bourgs, dans nos campagnes, dans nos provinces ; là, sur leur véritable terrain, nous trouverons, au moment de la convocation des Etats-Généraux, tout un ensemble de *familles modèles,* une forte et imposante majorité de citoyens pleins de foi, de vertu, d'honneur. Si l'on y tient, nous concèderons que, dans le giron des *cités*, une certaine trépidation avait pu se produire dans les idées ; partout les cœurs étaient droits.

Déjà nous avons tiré un bon parti du beau livre de M. de Ribbe, laissez-nous lui emprunter encore deux traits.

Le jour où, dans cette bonne ville d'Aix, naissait celui qui, avec la *Gazette du Midi*, devait se faire une arme de trempe pour la défense de *la vérité* et du *droit* ; son père, Joseph-Louis Abel, négociant, écrivait, sur son *livre de raison*, ces paroles dignes de Blanche de Castille : « Je demande à Dieu de « nous conserver cet enfant, si c'est pour sa gloire et pour « notre salut. »

Castellane, tout le monde le sait, est une petite ville de moins de trois mille habitants ; et bien, Messieurs, en 1775, il existait plus de cinquante familles y établies depuis avant l'an 1400. Cela est tout bonnement admirable.

Quand, dans la famille et par la famille, nous aurons réussi à tenir en place et à leur place cette multitude d'hommes auxquels la Révolution a imposé l'isolement forcé et par conséquent le mouvement perpétuel, nous aurons fait beaucoup pour le salut de notre pauvre France et Dieu, soyez en certains, fera le reste.

Nous voudrions nous arrêter sur cette bonne parole ; malheureusement il n'a encore été rien dit d'un dernier sujet que vous avez également placé dans le domaine livré à nos investigations : *l'assistance publique*. De ce chef, en dehors des vœux qu'il comporte (1), il ne serait pas mauvais de nous autoriser à émettre quelques considérations générales.

Telle qu'on la pratique aujourd'hui, *l'assistance publique* est plus que défectueuse ; elle constitue un danger social.

Sous le régime démocratique, Rome nourrissait, sur le Forum et à ne rien faire, de deux à trois cent mille citoyens.

(1) Voir ci-après. page 94.

C'était le *peuple souverain* avec sa *liste civile*. L'impôt écrasait les provinces ; *l'annone* dévorait le plus clair de l'impôt.

La Révolution acclimate chez nous, petit à petit, quelque chose d'analogue. L'assistance publique compte parmi les nombreux instruments de règne dont disposent nos gouvernements modernes.

Au moyen-âge, la fonction de l'État était mieux délimitée, plus nettement circonscrite, plus normale, plus modeste qu'en l'an de grâce 1889. Le *budget* existait à peine, puisque le *Prince vivait de son domaine*. Et pourtant les pauvres n'ont jamais été moins *déshérités* que durant le moyen-âge.

L'État moderne donne sans cesse, il donne de toutes mains ; c'est un Pactole dont les canaux dérivés vont porter l'abondance chez tous ses amis ; et Dieu sait s'il en a ! Comment donc, constamment, d'une manière ou d'une autre, se trouve-t-il face à face avec la terrible question du *paupérisme* totalement inconnue de la République chrétienne ?

Après tout, qu'on nous laisse seulement nous redonner des familles autonomes et des corporations libres — des corporations religieuses surtout — et nous nous engageons à réduire, promptement et considérablement, les dépenses de l'assistance publique. Non seulement le nombre des pauvres diminuera à vue d'œil ; mais encore ceux qui resteront — il en restera ; les misères matérielles comme les misères morales doivent durer autant que la terre — ceux qui resteront seront plus *charitablement* aidés que l'État ne saurait le faire. Il conservera — lui l'État ; cela va de soi — un droit de surveillance et il s'en servira pour que nul ne soit tenté de porter atteinte à un si bel ordre. L'argent des pauvres ira aux pauvres... directement et sans frais d'administration.

Sur le rapport dont le texte précède, l'Assemblée adopte les vœux suivants :

VŒUX RELATIFS A LA FAMILLE

L'Assemblée émet le vœu :

I. — Que le divorce soit aboli ;

II. — Que les cas de nullité de mariage et de séparation de corps appartiennent de droit à la loi canonique.

III. — Que l'on substitue au prétendu mariage civil une simple constatation par l'Etat du sacrement du mariage ;

IV. — Que le droit public et privé proclame hautement et reconnaisse effectivement l'autorité du père, son droit d'élever ses enfants et de gouverner sa famille ; que le père soit désormais l'éducateur unique ; qu'il compte autant de bulletins de vote que d'enfants :

V. — Que le travail soit organisé de manière à sauvegarder : 1° la dignité de la mère et son maintien au foyer domestique ; 2° l'entière liberté du dimanche et des jours de fête de précepte : en réalité, ces jours de repos appartiennent à la famille dont ils cimentent l'union ;

VI. — Que l'on réduise les droits dans les successions surtout en ligne directe.

Un dernier vœu, ainsi conçu, fut proposé par le rapporteur :

« L'Assemblée émet le vœu qu'une loi vienne consacrer la « liberté testamentaire, afin de donner une sanction à l'autorité « paternelle et de perpétuer les biens dans la famille. »

Le président de l'Assemblée ayant demandé, comme pour les autres vœux, si personne n'avait d'avis à émettre, M. de

Séranon, avocat au barreau d'Aix, prend la parole et combat le vœu précédent.

Une vive discussion s'engage aussitôt sur le principe et l'opportunité de la liberté testamentaire.

En présence de cette divergence d'opinions, M. le Président propose de renvoyer le vœu contesté à l'examen de la Commission, en priant celle-ci d'apporter à la séance du soir un texte amendé dans le sens manifesté par l'Assemblée.

La proposition de M. le Président est adoptée à l'unanimité.

La séance est levée à 6 heures et demie.

ANNEXE AU COMPTE-RENDU

DE LA PREMIÈRE SÉANCE GÉNÉRALE

Le rapport de M. de Monléon contenait, en outre du texte dont la teneur précède, d'autres vœux avec considérants à l'appui sur les Mœurs et l'Assistance publique.

Ces vœux n'ayant pu être examinés par la Commission et soumis à l'Assemblée, ne sauraient figurer dans le procès-verbal.

On a cru cependant devoir les reproduire à titre d'annexe au compte-rendu de la première séance générale, comme résumé des désirs exprimés dans un grand nombre de réunions préparatoires et comme complément du rapport :

VŒUX RELATIFS AUX MŒURS

Nous nous sommes exclusivement attachés, dans notre Rapport, à donner une idée aussi exacte que possible de cette vérité historique essentielle : *la famille est le fondement de la grandeur des nations.* Toutefois, quand on édifie, on ne s'arrête pas au fondement. Avec *l'assise familiale,* la construction qui s'harmonise le mieux c'est le régime corporatif.

Des pieds à la tête, le moyen-age était une vaste *fédération de corporations.*

La Convention a édicté la peine de mort contre le *crime d'association.*

Toute association qui a le *bien* pour *principe* et pour *fin* doit être *admise, reconnue, protégée.*

1ᵉʳ VŒU. — Exigeons l'inscription dans nos codes du *droit naturel* d'association.

Un révolutionnaire célèbre qui détenait le pouvoir il y a quelques années, a osé déclarer à la face de la France que *l'ordre moral ne regardait pas l'Etat.* Usons de cette parole sinistre comme les Spartiates se servaient des Ilotes.

Non, à coup sûr, l'Etat ne crée pas la morale : il ne la modifie pas non plus à son gré ; en deux mots, la morale ne lui appartient [pas, c'est lui qui appartient à la morale.

2ᵐᵉ VŒU. — Promoteurs de l'ordre social chrétien, entreprenons une croisade pour forcer l'Etat à se reconnaître le gardien intègre, le premier des serviteurs de *l'ordre moral* et à accomplir ainsi le plus strict de ses devoirs.

La *famille* comme fondement ; la *corporation* comme institution universelle ; l'*Etat* comme couronnement ; l'Etat c'est-à-dire la corporation armée pour la défense de toutes les autres ;

nous pourrions nous en tenir là et pourtant nous avons un troisième vœu à formuler, un vœu que le moyen-age aurait fait sien avec enthousiasme et qui conserve, parmi nous, une singulière actualité.

Durant les derniers siècles de *l'ancien régime*, que n'a-t-on pas dit contre la noblesse ? Et les plaintes n'étaient pas toujours mal fondées ; le second ordre de l'Etat avait gardé beaucoup moins de *devoirs* que de *privilèges* ou de *préséances*.

Quelle classe de la société eut jamais des privilèges égaux à ceux dont jouissent, sous nos yeux, les capitalistes, les manieurs d'argent, les hommes de bourse (et parfois aussi de sac et de corde), les *spéculateurs* en un mot ? A quels *devoirs sociaux* répondent ces privilèges exhorbitants ? Voilà ce que nous serions curieux de savoir.

3ᵐᵉ Vœu. — Demander que l'Etat soit affranchi du joug de la *franc-maçonnerie juive* et qu'il établisse, en sus, une *juste équation* entre les *droits* et les *obligations* de cette puissante corporation *mondiale* ; est-ce donc trop réclamer ?

VŒUX RELATIFS A L'ASSISTANCE PUBLIQUE

Dans cette ordre d'idées, la civilisation chrétienne se meut entre deux pôles : d'une part, *pour les individus*, le précepte formel de l'aumône ; de l'autre, *pour la société*, la nécessité évidente d'une organisation générale en vue du secours des pauvres.

De là, pour l'Etat, deux sortes de devoirs vis-à-vis des individus et vis-à-vis de la société.

VIS-A-VIS DES INDIVIDUS

1ᵉʳ Vœu. — Ne se permettre aucune atteinte contre la *liberté*, la *permanence*, la *propriété*, de ce qui se fait pour les pauvres.

2ᵐᵉ Vœu. — Entourer d'honneur et de respect les hommes d'élite qui se dévouent aux œuvres ayant pour but l'âme ou le corps du pauvre.

VIS-A-VIS DE LA SOCIÉTÉ

Tout naturellement l'État se trouve placé à la tête de l'*assistance publique*; il surveille, il donne l'impulsion. Doit-il tout faire par lui-même ?

Pour fausser à la fois l'esprit et la lettre de l'institution, il n'y a pas de moyen plus infaillible.

L'État est la plus haute expression de la société civile ; il n'en est pas, grâce à Dieu, la seule expression.

Il y a, au-dessous de lui, d'autres corporations qui ont, à la vie et à la liberté, un droit aussi sacré que le sien.

3me Vœu. — Que l'État ait sans cesse présente à l'esprit une organisation sociale dont il peut, pour une part très notable, procurer *la restauration ;* une organisation sociale dans laquelle les *provinces,* les *communes,* les *corporations,* les *familles,* posséderont *chacune* un service des pauvres, une propriété pour les pauvres, des établissements pour les pauvres; en un mot, une *organisation autonome de l'assistance des pauvres.*

Ainsi disparaîtra non pas le pauvre, mais le pauvre abandonné, c'est-à-dire le *paupérisme.*

Que si, après l'audition de cette triple série de vœux, on nous demandait quels sont ceux que nous regardons comme *urgents,* nous répondrions sans hésiter : *tous.* Puis, devant les frères qu'une pareille somme de réformes à entreprendre mettrait en émoi, nous nous couvririons de l'autorité du comte de Maistre dont la « parole ailée » était naguère rééditée par l'un des plus vaillants parmi nos compagnons d'armes :

« Toutes les fois qu'on remet les choses dans *l'état naturel,* « on agit comme un ministre de la Providence et on trouve à la « servir des facilités inattendues. »

DEUXIÈME SÉANCE GÉNÉRALE

L A séance est ouverte à 8 heures et demie, sous la présidence de M. le colonel de l'Eglise, dans la grande salle de l'ancien hôtel de l'Intendance.

M. le président commence par donner la parole à M. Charles de Monléon, rapporteur du Groupe de la Famille, pour la lecture du vœu sur la liberté testamentaire amendé par la Commission, d'après les sentiments exprimés par l'Assemblée à la fin de la séance précédente.

Au nom de la Commission, M. de Monléon présente le texte suivant :

L'Assemblée émet le vœu :

Que la législation successorale soit révisée en faveur de l'autorité paternelle s'exerçant dans l'intérêt de la stabilité familiale.

Ce vœu est adopté à l'unanimité.

Sur la demande de M le président, M. le secrétaire-général donnne lecture du rapport de M. E. Michel-Colomb, ancien membre du conseil municipal de Marseille, sur l'Administration. Ce rapport, dont l'auteur n'a pu se rendre à l'Assemblée, a été adopté par la Commission des Intérêts publics.

RAPPORT DE M. E. MICHEL-COLOMB

Messieurs,

On a pu légitimement, en 1789, *se réclamant des franchises et des traditions de la vieille monarchie française*, présenter au gouvernement de respectueuses *doléances* sur l'organisation administrative du pays. Nos pères, en le faisant, étaient mus par le désir d'éclairer le pouvoir central sur les besoins de la nation. Ils offraient de travailler avec lui aux réformes qu'ils sollicitaient.

Combien il est plus urgent aujourd'hui, en voyant encombré de ruines le chemin parcouru pendant un siècle dans la voie de ces réformes, de proclamer à nouveau les règles et les droits nécessaires à l'action sociale, à l'avenir, à la sécurité, à la prospérité de la famille française et d'étudier, en regard des lois politiques qui régissent l'état actuel, les changements à apporter à l'administration générale, à son organisation, à sa législation.

Nous devons énumérer avec leur exposé des motifs les vœux de notre Commission sur les questions tant de l'ordre administratif que de l'ordre financier qui ont fait l'objet de son examen.

I. — Ordre Administratif

Nous n'avons pas à aborder l'étude de notre constitution politique, ni à comparer entre elles les constitutions et les chartes qui se sont succédé, en France, depuis 1789. Il est néanmoins utile de les mentionner, car, tour à tour détruites, si elles ont successivement cherché à organiser divers principes tels que la séparation des pouvoirs législatif et exécutif, le suffrage universel, elles ont placé, par leurs dissemblances, l'administration du pays dans des conditions bien différentes les unes des autres.

Nous en présentons la nomenclature à l'effet de rechercher quelle a pu être, dans notre siècle, la règlementation des principes du droit public appliqués à l'Administration.

1° Constitution monarchique des 3 et 4 septembre 1791, votée par l'Assemblée Constituante. L'élection y est encore à deux degrés comme en 1789.

2° Constitution républicaine du 24 juin 1793. L'élection devient directe.

3° Constitution directoriale du 4 fructidor an III, votée par la Convention, confiant le pouvoir exécutif à cinq directeurs et le pouvoir législatif à deux Assemblées.

4° Constitution consulaire du 22 frimaire an VIII, remettant la plénitude du pouvoir exécutif au premier Consul.

5° Sénatus-consulte organique du Consulat à vie de thermidor an X et sénatus-consulte organique de l'Empire de floréal an XII.

6° Charte constitutionnelle du 4 juin 1814 qui, dans son préambule, est rattachée au droit public antérieur et répartit le pouvoir entre le Roi et deux Chambres.

7° Acte additionnel aux constitutions de l'Empire, soit les Cent-jours.

8° Charte constitutionnelle du 14 août 1830 ; le corps électoral devient plus étendu mais est encore limité à environ 200,000 électeurs.

9° Constitution républicaine du 4 novembre 1848, investissant un président de la République du pouvoir exécutif, confiant le pouvoir législatif à une Assemblée législative unique, l'un et l'autre issus du suffrage universel, dont l'ère est désormais inaugurée. Jusqu'alors les conditions d'âge, de domicile et de cens avaient été limitatives du droit de suffrage électoral.

10° Constitution impériale du 14 janvier 1852 et sénatus-consulte organique du 7 novembre 1852 répartissant le pouvoir législatif entre l'empereur, ses ministres, le conseil d'État, d'une part, et le Sénat et le Corps législatif, d'autre part.

11° Constitution républicaine du gouvernement provisoire du
4 septembre. Nouvelle Constitution républicaine du 25 février
1875.

*
* *

Le sommet des pouvoirs doit être assuré par un chef de l'Etat.
Par lui est donnée à la loi la sanction qui en assure l'exécution.
Par lui, le pays est régi, contracte, est représenté.

Des pouvoirs essentiels font corps avec le chef de l'Etat. Dans
l'ordre de la Constitution actuelle, ce sont les deux Chambres
législatives, Sénat et Chambre des députés ; les Conseils généraux, d'arrondissements, les Conseils municipaux. Il a paru à
notre Commission que nous devions limiter notre étude aux
pouvoirs correspondant à la Province, aux départements, aux
communes.

Deux importantes remarques ont été faites. Avec la facilité et
la rapidité des parcours, l'unité départementale tend à disparaitre et l'idée poursuivie de Syndicats de départements est très
propre à la renaissance de la *province*. N'est-ce point, a-t-on
remarqué, dans les Assemblées provinciales que seraient utilement discutées les questions commerciales, agricoles, industrielles, intéressant la région ? Les représentants des communes,
des chambres de commerce et d'agriculture, des syndicats des
villes et des campagnes, par leurs aptitudes, apporteraient dans
ces assemblées de pratiques connaissances. Ils y discuteraient
les intérêts des régions et prépareraient de nouveaux *Cahiers*
qui seraient remis aux mains des représentants de la contrée
provinciale au parlement du pays.

Cette remarque en a amené une autre au moins aussi intéres-
sante, celle de l'importance du *Canton* et de l'organisation qui
lui convient. Dans la circonscription territoriale formant le
canton, plusieurs communes sont renfermées ; dans son ressort
s'exerce la juridiction du juge de paix. Le canton est l'unité qui
sert de base aux élections du département ; il le serait pour les
élections de la province. Le tirage au sort, la révision, s'y
exercent. Les instituteurs y sont ramenés. Dans la constitution

des éléments d'autorité du canton, quelles observations à exprimer ?

Les Juges de Paix. — En augmentant leurs attributions, ce qui est encore demandé et poursuivi, n'y aurait-il pas lieu de mettre à côté d'eux comme un conseil de propriétaires, d'habitants notables ou considérés ? Les litiges seraient d'abord connus par ces jurés de bonne volonté. On arriverait à la gratuité de fonction de juge de paix et de la justice en conciliation. Les pairs du peuple seraient des juges aussi compétents que désintéressés. Une caisse de retraite alimentée par cotisations volontaires ou convenues dans le canton, assurerait à ces pairs un secours dans leur vieillesse. De grands avantages seraient obtenus par l'extension des attributions et par une nouvelle organisation des justices de paix.

Les Maires. — Ces magistrats ne devraient point être des agents directs du gouvernement ; ils devraient être sans mission politique, ayant la seule mission d'administrateurs de la commune.

Les Conseils Municipaux. — L'adjonction des plus imposés dans les questions d'emprunt, dans les questions de grands travaux est très souhaitable. Nous sommes encore d'avis d'organiser des syndicats ou associations des communes pour l'exécution de travaux intéressant plusieurs communes. En les groupant en un faisceau, ces associations les rendraient capables de supporter une charge trop lourde pour chacune d'elles.

Les Instituteurs. — Au point de vue purement administratif, nous demandons très haut qu'on renonce au principe de l'instruction gratuite et obligatoire qui est simplement le moyen de faire payer aux pauvres, par l'aggravation des charges publiques, la gratuité de l'instruction des gens aisés.

Dans le canton encore est le digne chef du clergé de la circonscription, le curé cantonal, puis sont les desservants. Nous demandons que leurs modiques, leurs indispensables traitements soient respectés. Nous trouvons encore au canton le commissaire cantonal, la gendarmerie, le percepteur, l'agent-voyer.

Que tous ces éléments d'autorité soient fortement constitués et le canton apportera au département, ou mieux encore à la province, son efficace représentation pour les délégués qu'il leur er..erra par une honnête élection.

***

Il est nécessaire de proclamer ici, et au cœur de nos observations, que nous estimons, comme nos pères le proclamèrent en 1789, que ni l'Etat, ni la loi, ni l'administration ne sauraient être athées. Si le pouvoir public se retranche derrière une espèce d'athéisme, s'il regarde du même œil l'erreur et la vérité, la négation hérétique et l'affirmation catholique, s'il estime que tous les cultes se valent, il sera impuissant à réprimer la licence, les écarts, l'intolérance elle-même des sectes qui se prévaudront de la neutralité athée imposée à l'Etat par son athéisme. Les lois dont il demandera l'observation n'étant protégées par aucune autorité morale demeureront impuissantes, inobservées. Les cultes ne pourront avoir aucune considération, aucune protection, même comme étant un fait, ce fait étant contraire aux principes d'un Etat athée. Et les plus respectables garanties de la société disparaîtront avec le respect de la foi jurée, avec les dévouements inspirés par la religion et soutenus par son culte. Les leçons de l'histoire prouvent, d'ailleurs, que les malheurs publics ne tardent pas à atteindre un Etat athée. A Rome ce fut une chute lente mais progressive. Dans le cours du XIXe siècle, et dans les dernières années du XVIIIe, les catastrophes accompagnèrent l'athéisme de la Révolution.

Pour éloigner de notre patrie un tel malheur, nous nous faisons un devoir d'appuyer fortement, au nom des intérêts publics, les vœux adoptés par le groupe des intérêts religieux.

***

La représentation du pays dans les assemblées du Parlement central, des provinces, des communes, doit être vraie. Elle doit surtout être honnête. Le suffrage dont elle émane doit être honnêtement pratiqué. Une votation qui n'aurait pour elle qu'un mérite numérique, la valeur de la moitié d'un nombre de votants plus un, ne serait point au-dessus d'une simple fonction électorale et ne saurait donner une suffisante autorité aux élus d'un suffrage même universel. La prévoyance, l'intelligence elle-même doivent se trouver dans nos systèmes électoraux et des règles sages peuvent leur être appliquées.

C'est dans ce but que, sans vouloir entrer dans les détails d'application, nous avons émis un vœu général en faveur du régime représentatif.

Il nous reste à dire un mot du *Referendum*.

Par le *Referendum*, les questions importantes peuvent être éclairées avant la discussion ou appréciées après leur solution. Les électeurs auxquels elles sont déférées y trouvent le moyen d'en appeler de ces questions, souvent considérables, à une assemblée mieux informée. Il nous paraît que le Gouvernement et nos administrations actuelles eussent pu ne considérer le *Referendum* ni comme vain, ni comme illégal.

Avant de nous prononcer, enfin, sur les opinions émises par quelques personnes au sujet de la représentation proportionnelle, nous croyons désirable que plusieurs essais pratiques aient été faits. Ils n'ont point encore été tentés. Seront-ils même praticables ? S'ils le sont, le seront-ils par le vote cumulatif ou par *quotient* ? Nous croyons néanmoins désirable que cette procédure de vote soit reconnue possible. Elle deviendrait une combinaison par laquelle la loi de la majorité absolue qui donne fatalement prépondérance au parti le plus nombreux serait écartée, au grand avantage des opprimés d'aujourd'hui qui obtiendraient un *quantum* dans la représentation de leur opinion.

.*.

Nous devons la soumission et le respect à l'administration ; mais nous attendons et réclamons d'elle la protection et la reconnaissance de nos droits.

Le plus essentiel est celui de la liberté individuelle. La créature est libre ; le citoyen est également libre. La déclaration des Droits de l'homme de 1791, plus explicite et plus

précise que celle de 1789, proclame que nul homme ne peut
être troublé dans sa liberté que dans les cas déterminés par la
loi. Dans le cours de ce siècle et de nos jours, les gouvernements dictatoriaux et notre actuelle administration ont
appréhendé et profondément troublé dans leur liberté des
citoyens français réunis pour le bien et par dévouement. Des
décrets, non une loi, ont seuls autorisé leur expulsion, leur
dispersion, la privation de leur propriété.

L'homme de Dieu, l'homme de la Religion, l'homme conser-
vateur des grands principes est-il suffisamment protégé contre
les clameurs, les invectives de la démagogie ? L'administré a
droit à cette défense. On nous demande si la liberté individuelle est garantie; nous répondons que le régime des décrets
substitués aux lois est la négation de cette liberté. Nous répondons encore que la liberté du bien est entravée et non
suffisamment garantie.

Les administrés doivent être admissibles aux emplois publics
lorsqu'ils en sont capables et qu'ils en sont dignes. Sous plusieurs régimes, dans le cours de notre siècle, les gouvernements n'ont point respecté ce droit de l'administré. Nous
avons la mémoire et nous subissons les effets de la circulaire
adressée naguère par un fonctionnaire, placé aux sommets de
l'administration, recommandant aux administrateurs des départements d'éloigner, d'écarter les fonctionnaires, les employés
des services de l'Etat et des départements qui ne professeraient
point les opinions, qui n'approuveraient pas les actes du Gouvernement, et de n'admettre aux emplois publics que les partisans
avérés et déclarés des doctrines gouvernementales.

Et qu'attendre des fonctionnaires, des bureaucrates dont tout
le mérite sera d'être imbu d'idées presque démagogiques et qui
devront accepter et exécuter des ordres, des mesures souvent
exceptionnelles.

Non, le pouvoir central ne se renferme pas dans son rôle naturel lorsqu'il applique ainsi à rebours les justes règles d'une
administration préposée à la tutelle des plus graves intérêts.
Quelle notion aura des droits de l'administré ce fonctionnaire de

circonstance et improvisé ? Comment fera-t-il apercevoir à l'administrateur, son supérieur hiérarchique, les erreurs de ses appréciations, de ses mesures, en dépendant de lui presque comme un serf et dépendant lui-même d'opinions qui mettent son impartialité à la plus rude épreuve ?

Les droits des familles et des organes sociaux qui sont également placés sous la tutelle de l'administration, ne sont pas moins en péril sous le régime exclusif de tels principes administratifs et de telles pratiques.

Les droits sacrés du père de famille sont méconnus par les lois de l'obligation, de la gratuité et de la laïcisation. Cette grande question appartient au groupe de l'enseignement. Nous n'y touchons que pour constater le besoin du droit de l'administré et l'empiétement du pouvoir central sur les droits des chefs de famille.

*
* *

L'administration locale, celle qui est la plus rapprochée de l'administré auquel elle doit directement protection, est maintes fois et le plus souvent impuissante à lui donner l'aide nécessaire à la sauvegarde de ses intérêts. Le pouvoir central et centralisateur qui le domine hiérarchiquement et qui concentre en ses mains la puissance administrative, le force à recourir à lui pour la sanction de ses décisions et la solution des difficultés, comme aussi à n'agir que sous son impulsion. Sous ces pressions, l'administration locale est sans force et sans autorité propre. Les municipalités subissent le même joug, au grand détriment de la gestion et de la conclusion des affaires locales au milieu desquelles se meuvent la vie et les intérêts des administrés.

En considération du danger qu'il y a dans la substitution du pouvoir central aux pouvoirs locaux, et des obstacles apportés à la conclusion des affaires par le fonctionnarisme central et la bureaucratie centrale, nous croyons que l'autonomie de la Commune et du Canton corrigerait les défauts administratifs par nous relevés au cours de nos observations sur les fonctions et l'organisation de l'administration du pays.

Après l'expérience cruellement achetée de la Convention
et de l'Empire, au début du siècle, et la reconnaissance par tant
d'hommes d'Etat éminents, de l'absence. dans le système centralisateur, de garantie efficace pour les droits de tous, nous demandons que la société retrouve ses administrateurs populaires,
provinciaux, cantonaux, municipaux, affranchis, sous la garantie
et la tutelle des lois, d'un despotisme administratif qui les avait
annihilés.

II. — ORDRE FINANCIER

Si la sagesse et la moralité de la politique exercent leur influence sur les finances de l'Etat, celles-ci n'importent pas moins,
quant à leur conduite et à leur économie, à la bonté de l'administration du pays.

Nous nous sommes demandés quel était, à la première
année de la période 1789-1889, l'état des finances de la France?
D'après le compte rendu de Necker à l'Assemblée Nationale,
la dette en 1789 était inscrite en 161 millions 466 mille livres
de rentes. Ramenée au tiers de cette somme par une mesure
révolutionnaire, décrétée sous la Terreur, nous la remarquons,
en 1839, à 170 millions. A cette heure, à la fin de la période
séculaire et pour l'exercice courant, nous trouvons au budget
de l'Etat et dans l'état législatif annexé au budget de 1889, le
chapitre suivant :

Dette publique : Intérêts......		1.305 millions.
Rentes perpétuelles...........	752	
» à terme, annuités......	333	
» viagères..............	220	
	1.305	

Retenant cette somme à laquelle nous
joignons :

1° La dotation des pouvoirs publics, soit	13 millions.
A reporter	1.318 millions.

Report	1.318 millions
2° Les services des ministères	1.358 »
3° Les frais de perception et d'exploitation des impôts et revenus publics......	327 »
4° Les non-valeurs et les primes.	22 »
nous avons le chiffre officiel du budget *ordinaire* de 1889...................	3.025 millions.

Le budget ordinaire de 1890 est officiellement proposé en 3 milliards 36 millions.

En dehors du budget ordinaire, disent les rapporteurs du budget, se placent chaque année les engagements du Trésor pour l'exécution ou l'exploitation des chemins de fer et les dépenses scolaires dont les conséquences sur le budget ordinaire ne paraissent que postérieurement. De là, un budget supplémentaire, indépendamment d'un important budget extraordinaire, s'élevant à 200 millions pour l'exercice en cours.

Parallèlement aux budgets, nous avons vu dans les dernières années du siècle s'accroître, dans une inquiétante proportion, la dette flottante de l'Etat. Nous avons vu l'Etat devenir dépositaire d'énormes sommes sur les dépôts des Caisses d'épargne. D'autre part, l'amortissement qui a commencé à fonctionner dès 1765, a été interrompu durant la période révolutionnaire et qui a eu son meilleur fonctionnement sous la Restauration, a subi plusieurs interruptions durant la période de 1870-1889. Enfin, les emprunts d'Etat, ceux des départements et des communes ont eu leur plus grande importance dans les dix-huit dernières années.

L'examen de l'état financier accusé par les chiffres et par les dispositions budgétaires que nous venons de relater, nous a amenés à formuler les vœux suivants (1) :

(1) La Commission n'a pas eu le temps d'examiner ces vœux, présentés par le groupe que présidait, à Marseille, M. Michel-Colomb ; ils n'ont pu, par conséquent, être adoptés par l'Assemblée.

1° Supprimer les budgets extraordinaires de l'Etat, des Départements et des Communes, avec dotation prévoyante de tous les services au budget ordinaire.

Une saine et exacte connaissance non des seuls budgets mais de la situation financière d'un Etat, d'une Commune, permet d'appliquer à tous les titres du budget ordinaire de suffisantes ressources sans recourir à l'extraordinaire.

2° Assurer l'amortissement de la dette de l'Etat par la dotation certaine et fixe de la caisse d'amortissement réglementée par un ordre analogue aux règles observées durant la période de 1816 à 1829.

3° Amortir ou rembourser les dettes flottantes de l'Etat et des Communes.

4° Ramener à une prudente limite le compte courant de l'Etat avec les Caisses d'épargne.

5° Le régime des emprunts, leurs procédés ne paraissant pas soumis à notre examen, nous émettons le vœu que les pouvoirs publics ménagent le crédit du pays et soient pénétrés de leur responsabilité lorsqu'ils se voient ou se croient forcés de recourir à l'emprunt.

6° Que les économies soient enfin pratiquées, les reconnaissant, avec les plus sages législateurs et administrateurs : 1° comme praticables, 2° comme indispensables pour ramener les budgets de l'Etat et des Communes à l'équilibre et conjurer les catastrophes financières vers lesquelles nous nous avançons.

Parmi les économies sur lesquelles nous devons insister, nous indiquons les dépenses scolaires et les traitements.

* *

L'importance et l'exagération des budgets forcent et aggravent les impôts. Les impôts indirects appartiennent surtout à la classe commerciale de nos groupes. Les impôts directs peuvent et doivent être appréciés administrativement. Leur distribution étant faite au moyen de rôles nominatifs et annuels, leur assiette est mobile. Dans leur répartition, à règles variables, souvent les uns sont ménagés, les autres surchargés. La somme des taxes exigées de la propriété rurale dépasse 3o fr. par 100 francs ; la propriété urbaine paie de 23 à 24 francs ; la propriété mobilière de 11 à 12 francs ; l'industrie et le commerce 20 par cent francs. L'inégalité règne donc au point de vue fiscal. Sans doute les fluctuations affectent souvent la valeur de la propriété foncière, de l'état mobilier, des facultés mobilières, de l'état commercial, des facultés commerciales ; sans doute encore sont devenues fautives les valeurs cadastrales et fautifs les inventaires cons-tatant la contenance des biens-fonds, leur genre d'exploitation, les revenus qu'ils produisent ; fautive la valeur relative portée au cadastre, valeur pour laquelle les biens-fonds sont soumis à l'impôt foncier.

La répartition de la contribution foncière ayant pour base le cadastre dont la confection fut réclamée par les Assemblées électorales en 1789, l'impôt foncier lui-même ayant été établi par l'Assemblée constituante pour être réglé en raison du revenu net des propriétés qui a varié, comme fluctuent et varient les autres facultés imposables, notre groupe, en matière d'impôt, émet les vœux (1) :

1° Que la quote-part de contribution demandée aux revenus généraux du pays ou aux capitaux soit établie d'après un cadastre rectifié, et que la proportion soit rétablie entre l'impôt afférent à la propriété immobilière, rurale et urbaine, et la contribution imposable à la fortune mobilière et aux facultés commerciales.

2° Que dans la commune et dans le canton appelés à fournir les chiffres relatifs aux évaluations, des commissions permanentes et reconnues président ou concourent aux révisions.

S'il est incontestable que l'administration financière de la France soit devenue, quant à sa comptabilité et au régime général des emprunts, plus régulière, dans le courant du siècle, qu'elle ne l'était en 1789, on ne saurait oublier que les vœux regardant à l'état financier du pays, sont contenus dans les Cahiers de 1789 et que les conseillers de la Monarchie française

---

(1) Comme les précédents, ces vœux n'ont pu être examinés par la Commission et adoptés par l'Assemblée. Ils représentent l'avis du groupe marseillais.

avaient préparé les réformes financières réclamées par les doléances nationales. Nous trouvons la preuve de la sollicitude des ministres de l'infortuné Louis XVI pour l'amélioration des finances de la France dans la lettre au Roi de M. de Calonne, du 9 février 1789 et dans le mémoire de ce ministre à la fin de 1787.

En vue du maintien du crédit public et pour la protection des intérêts privés qui y concourent et s'y rapportent, l'administration a le devoir de réglementer la spéculation des Bourses. L'accroissement des dettes de l'Etat et de certaines villes, le nombre grossissant des sociétés par actions et des valeurs étrangères admises à la cote des Bourses, procurent à ce marché financier une multiplicité d'opérations singulière. Ce marché n'est point exempt de crises ; plusieurs ont été douloureuses.

Notre groupe a examiné la part de réflexions plutôt que de vœux qu'il a à apporter sur un état de choses qui tient surtout au commerce et à ses intérêts. Nous avons considéré et nous avons cru qu'un danger réel, un danger considérable existait dans les marchés à terme et que l'administration et les pouvoirs publics devaient les réglementer avec sévérité, si non les supprimer entièrement. Il y va d'un péril très grand pour la fortune publique. Et bien que nous n'ayions pas à nous occuper des Bourses de commerce, nous ferons remarquer que dans l'ordre des fonctions gratuites auxquelles nous sommes favorables, se rangeraient les commissions de surveillance disciplinaire des Bourses composées des doyens des commerçants et des capitalistes.

A la suite de la lecture du rapport, les vœux suivants sont proposés à l'assemblée qui les adopte :

VŒUX RELATIFS A L'ADMINISTRATION

L'Assemblée émet le vœu :

I. — Que, dans les pouvoirs publics, le régime de la représentation des intérêts soit substitué au parlementarisme ; par suite, que la formation de groupes d'intérêts soit activement poursuivie par les soins des intéressés et que les résultats de cette initiative reçoivent la consécration légale qui leur est nécessaire ;

II. — Qu'une limitation, dont la forme est à déterminer, soit apportée à l'autorité du pouvoir législatif, notamment en matière budgétaire ;

III. — Que la stabilité du gouvernement central soit augmentée par des moyens également à déterminer, notamment en ce qui concerne les affaires étrangères et les forces militaires ;

IV. — Que l'Etat se décharge des services qui peuvent être assurés sans lui ;

V. — Que les communes soient remises en possession d'une indépendance plus large ;

V. — Que l'établissement de la vie provinciale, seule forme efficace de décentralisation et d'autonomie, soit l'objet de tous les efforts.

M. le Président donne la parole à M. Eugène Tavernier, ancien conseiller à la Cour d'appel d'Aix, pour la lecture du rapport sur la Justice.

RAPPORT DE M. EUGÈNE TAVERNIER

MESSIEURS,

Aux heures troublées que nous traversons, alors que les pouvoirs publics chassent Dieu de l'école, et dans nos hôpitaux éloignent des infirmes et des mourants les dernières consolations religieuses, proscrivant l'emblème le plus auguste de leur foi première, il est un fait digne d'être signalé, au début de notre travail, et qui vient heureusement contredire et ces tendances néfastes et ces programmes d'athéisme légal qu'on voudrait imposer à la France. Le Crucifix n'a pas été banni du domaine de la Justice. Comme dans nos écoles, on ne l'a pas arraché des murs de nos salles d'audience, on ne l'a pas voilé comme dans les établissements hospitaliers de Paris et de plusieurs autres villes. Est-ce par oubli ? Nous croyons plutôt que c'est intentionnellement. On a compris que dans l'ancien royaume très chrétien, l'idée de justice ne se sépare pas de l'idée religieuse, et qu'il ne fallait pas heurter, sur ce point, le sentiment populaire. Ici encore le sentiment du peuple traduit mieux que les spéculations de nos utopistes libres-penseurs les vrais principes sur lesquels la justice est fondée. Toute justice émane de Dieu, et la justice humaine, si elle ne veut s'égarer, a besoin de s'inspirer de l'idée divine. Elle puise en Dieu, comme à la source de toute puissance et de toute vérité, et sa force et sa légitime autorité. Depuis que le pays des Francs est chrétien, le Christ plane au-dessus des plus hauts sièges de la magistrature. C'est devant son image que se déroulent nos débats civils et criminels, c'est devant elle que se lèvent les mains de ceux qui viennent consacrer par leurs serments la véracité de leurs témoignages. Ce serment *devant Dieu*, on le prête devant le Christ. Chaque jour, au Palais, la foi chrétienne du peuple est proclamée, en même temps qu'elle est confirmée par l'autorité publique de nos juges qui eux aussi, au jour de leur investiture, ont juré, en présence du Christ, de loyalement remplir leurs fonctions.

Bien plus, la loi française n'admet pas qu'on puisse s'insurger contre les formes de notre serment légal et se soustraire à cette obligation, inscrite dans nos Codes ; elle édicte une pénalité contre ceux qui s'y refusent.

S'il venait de plus mauvais jours, nous ne devrions pas perdre courage, car la France reste imprégnée de l'esprit du christianisme, et même que si toute trace officielle de la foi disparaissait de notre vie publique, nous dirions encore avec l'illustre poète des *Méditations* :

> Qu'on respire encor, dans un temple aboli,
> La majesté du Dieu dont il était rempli.

Mais non, malgré les entraves légales à l'expansion des libertés religieuses, les mesures de rigueur qui violentent les droits de la conscience, certaines lois qui offensent notre foi, ne désespérons pas. Le péril est grand, mais l'âme du pays ne saurait succomber. Blessée, elle reprendra vigueur, car l'image du Christ domine toujours nos prétoires, et la justice française, quoiqu'elle ait subi de graves atteintes, lui rend encore hommage.

Votre Commission était chargée d'examiner l'état actuel de a législation, et les rapports de la justice avec les intérêts matériels et moraux. Elle devait recueillir les vœux des populations sur les réformes que réclame la situation présente. Elle n'a négligé aucun des moyens d'informations dont elle a pu disposer. Nous avons entendu, aux différents degrés de l'échelle sociale, des personnes autorisées, toutes intéressées au bon fonctionnement de la justice, et étudié avec soin les solutions de la jurisprudence. Les travaux des jurisconsultes et des publicistes compétents, sur les modifications à apporter à notre régime légal, nous ont fourni d'utiles renseignements, et leurs conclusions ont été contrôlées par nous, à l'aide de déclarations reçues au sein de la Commission.

I

Le moment est critique. Après cent ans écoulés, quel chemin avons-nous parcouru ? Est-ce le progrès vraiment libéral qui a marqué chaque étape de nos révolutions successives, et sommes-nous arrivés aujourd'hui à la réalisation des vœux que la sagesse de nos anciens avaient consignés dans leurs cahiers ?

Et d'abord, quel fut le caractère du mouvement de 1789 ? On se tromperait fort si l'on croyait que les inspirations de la nation tendaient à la destruction et au bouleversement des institutions séculaires, à l'abri desquelles s'était formé notre pays. L'expression générale de ces manifestations de l'esprit public est en faveur du principe monarchique ; elle déborde de respect, de confiance et d'attachement en la personne du souverain aimé et populaire qui a donné le signal de réforme. Cette expression est aussi conforme aux croyances séculaires.

Le vœu général est de supprimer et déraciner des abus trop réels et nombreux qui ont dénaturé notre ancienne constitution historique. Le pays se souvient que la Monarchie a favorisé et soutenu l'affranchissement des communes. Il veut revenir aux assemblées régulières et assurer, par ce moyen, un système de contrôle dans le gouvernement. Rien de plus conforme aux justes notions du droit que les doléances des cahiers. Elles réclament l'égalité civile, la liberté individuelle consacrée par la loi et non plus menacée par des mesures arbitraires, l'impôt librement voté et supporté par tous, une part réelle dans l'administration de l'Etat (en Provence, notre ancienne constitution offrait toutes ces garanties, et on en réclamait l'entière application), le travail affranchi de règlements surannés, l'abaissement à l'intérieur des barrières qui paralysent la libre extension du commerce et de l'industrie, l'accès de toutes les capacités aux fonctions publiques. Les cahiers demandent la séparation des pouvoirs judiciaire et administratif, la suppression des justices seigneuriales et de certains droits féodaux, la publicité des débats criminels, l'assistance d'un défenseur à l'accusé, la nécessité de motiver les décisions judiciaires. Les doléances portent encore sur l'ingérence du pouvoir civil dans la collation et la répartition des bénéfices ecclésiastiques, sur la dépopulation des campagnes. Enfin, la plupart des cahiers insistent pour que l'autorité paternelle soit fortifiée par des mesures qui conservent la dignité et l'avenir de la famille.

Ce programme, en harmonie avec les antiques traditions du pays, loin de blesser la foi chrétienne, trouvait sa source première dans la loi de l'Evangile. Ce qui put faire illusion sur la nature de ce mouvement, et trompe encore des esprits prévenus contre le catholicisme, c'est le rôle, dans cette rénovation entrevue, de la philosophie du XVIIIe siècle. Ses écrivains les plus célèbres qui répudiaient la religion, se firent les champions ardents des idées de liberté, de tolérance et d'humanité. Mais en déchaînant leur ironie et leurs sarcasmes contre le christianisme, ils se montraient illogiques et inconséquents. Car, ils outrageaient le Christ, et lui ravissaient, sur ce point, sa divine doctrine.

II

C'était naguère un lieu commun de redire, après tous les hommes d'Etat dignes de cette appellation, que le christianisme a apporté la liberté au monde, et qu'il est le fondement de la société moderne. Aujourd'hui, en présence du système d'oppression organisé contre l'Eglise et la liberté, ne craignons pas de proclamer bien haut cette vérité. Bien plus, comme, à nos yeux, le principe chrétien peut seul donner la vie sociale, avant d'établir que la déviation religieuse a surtout amené l'avortement des espérances de 89, nous croyons devoir rappeler l'action du christianisme, au point de vue qui nous occupe, action continue et féconde qui du despotisme des empereurs romains nous a conduits à la liberté moderne.

Sans religion, point de gouvernement possible. Les sociétés antiques n'avaient que des notions incomplètes ou altérées de la vérité religieuse, et cependant elles durent à leur respect pour l'idée divine d'atteindre à un haut degré de civilisation. A des croyances mutilées, et perverties bien souvent, le christianisme est venu substituer la croyance la plus haute et la plus populaire qui inspire, et offre ensuite, comme exemple, des vertus sublimes et efficaces. Cette croyance commande des préceptes salutaires pour la vie publique comme pour la vie privée. L'histoire de l'ère chrétienne tout entière est là pour le prouver. C'est l'Eglise, que l'on combat aujourd'hui, qui a montré aux générations qui se sont succédé depuis l'établissement de son divin fondateur, la plus grande émancipation de l'homme, qui a vaincu la tyrannie, la barbarie et l'esclavage, et accompli le triomphe de l'esprit et de l'âme sur la matière et sur la force brutale. Le catholicisme a reconnu, après un long interrègne de la liberté antique (et nous savons que la liberté des sociétés payennes n'était pas l'apanage de tous), la puissance rénovatrice des assemblées chrétiennes. Nicée, au milieu du silence général qui ne protestait plus contre les hontes de l'Empire, proclama, avec les dogmes chrétiens, la liberté morale et la puissance de la justice. La conscience humaine, si longtemps énervée et asservie, se réveillait enfin. Aux accents de vérité qui, dans un débat sans contrainte, surgissait de cette réunion de saints confesseurs de la foi encore meurtris des signes de la persécution, la dignité personnelle reparaissait plus brillante et plus sereine, et par une conséquence heureuse et nécessaire, en prescrivant les devoirs du chrétien, le premier concile de l'Eglise universelle (1) marquait déjà, en lui assignant son domaine, les droits de la raison de l'homme.

Plus tard, avant même que l'Europe entière eût vu les Barbares envahisseurs conquis à leur tour par les bienfaits de l'Evangile, dans un pays voisin du nôtre, au VI° siècle, quelques descendants de ces peuplades qui avaient ravagé l'Espagne, revêtus maintenant du caractère sacré, forts de l'onction épiscopale, édictaient à Tarragone, à titres de *canons ecclésiastiques*, une véritable charte de justice, d'égalité et de liberté.

Rappelons, sommairement, comment au milieu des violences

(1) Depuis la paix de l'Eglise.

féodales, la Papauté et l'Eglise de France ont combattu pour la liberté des peuples. Alexandre III, le saint pontife, persécuté et chassé de Rome par la tyrannie de l'Empereur d'Allemagne, réfugié à Sens, sous la sauvegarde de l'épée chevaleresque et pieuse de Louis VII, déclarait dans une constitution célèbre qu'il n'y avait plus d'esclaves dans la société chrétienne. L'esprit libérateur de l'Eglise, heureusement secondé par la politique et la sagesse de nos rois, faisait entrer les députés des communes en partage de la souveraineté et leur donnait place aux Etats Généraux du Royaume. « Le dogme « de l'égalité naturelle, semé par le christianisme, produisait « l'égalité politique. » (Ozanam — *La Civilisation au Ve siècle*).

Les bornes de ce travail ne nous permettent pas de relever, aux diverses époques de notre histoire, les traces lumineuses de l'influence chrétienne. Mentionnons seulement l'antique devise : *Gesta Dei per Francos*. Malgré des éclipses passagères, elle a pu s'inscrire encore sur les pages de nos chroniques contemporaines, et la générosité de notre race doit la revendiquer au moins pour l'avenir et un avenir prochain.

III

Et maintenant que nous avons indiqué l'esprit général du mouvement de 1789 et le rôle éminemment social du christianisme dans l'ère moderne, cherchons à expliquer comment cette noble impulsion vers le bien s'évanouit.

Ne cessons de protester contre ceux qui voudraient abriter les théories despotiques de la démagogie sous ces grands souvenirs de rénovation. Ils méconnaissent le sentiment qui inspira nos aïeux, et se gardent bien de relire les pièces officielles qui démentent leurs prétentions. C'est nous qui revendiquons cet héritage d'honneur, nous le recueillons avec reconnaissance et le gardons fidèlement.

L'aurore de 1789 fut brillante, mais elle fut courte et vite obscurcie. L'orage terrible qui lui succéda ne laissa que des ruines et du sang. Tout fut détruit, et la tourmente emporta les vœux et les sages revendications de la première heure. Bien des causes amenèrent l'avortement de ces espérances. Mais on peut. sans crainte d'erreur, affirmer que l'oubli des traditions religieuses de la France et les premières mesures violentes contre la constitution de l'Eglise produisirent cette déviation du mouvement réformateur. L'éloquent et sage Mounier, un nom cher à une province voisine, dans un livre écrit en exil, à Genève, en 1792, *sur les causes qui ont empêché les Français de devenir libres*, nous montre le découragement d'une grande âme sincèrement libérale et chrétienne. Mais avant même, dès le début, on ne sut pas dégager du programme de nos législateurs la part de vérités nécessaires qu'il contenait, de l'abstraction, de la funeste métaphysique du *contrat social*, de l'inexpérience et des illusions même les plus généreuses. Au lieu de sages réformes projetées s'appuyant sur les souvenirs, sur les mœurs et le génie de notre pays, on fit litière du passé, oubliant que l'exemple des aïeux donne l'énergie à la race, et permet seul les améliorations successives. Ces traditions sont les meilleures barrières aux courants de servitude qui rendent possible, plus tard, tous les crimes. Le procédé de législation qui suivit 1789, fut tout différent. De là une série d'innovations despotiques imposées par la main violente et criminelle de la foule, qui amena le chaos et emporta tout ce premier programme de vues justes, sagaces et honnêtes. Le point d'appui manqua à ces législateurs. Suivant les conséquences de leurs abstractions, ils déclarèrent les droits, mais ils ne se souvinrent pas qu'à chaque droit répond un devoir, et que le devoir qui nous relie à Dieu par ses lois inflexibles et vivifiantes, est la source des inspirations généreuses qui font les grands peuples. Ils ne comprirent pas les rapports nécessaires de la croyance chrétienne et de son culte le plus complet avec la nature intime de l'homme, et les résultats sociaux qui en découlent. Ce point d'appui qui fit défaut alors, on l'aurait trouvé dans la loi divine qu'on ne se contentait pas d'oublier : on la nia bientôt, et on la nia par les proscriptions et les massacres. De là le déchainement des passions les plus sauvages, de là les principes de justice humaine audacieusement violés. C'est la période législative qu'un jeune avocat de vingt ans, non encore éclairé pleinement des rayons de la foi, Henri Lacordaire, qui devait illustrer plus tard avec tant d'éclat la chaire de Notre-Dame, caractérisait en ces termes dans une consultation juridique soumise, en 1823, à la Cour de cassation : « Cette époque, disait « le jeune Lacordaire, restera dans la mémoire des hommes « pour servir de témoignage éternel contre la folie de leur « raison, lorsqu'ils la séparent de toute croyance religieuse et « de toute foi dans le passé. » (*Mémoire inédit*).

Après tant de crimes. de ruines et de honte à l'intérieur, vinrent des jours meilleurs avec le Consulat. On a pu dire avec raison (*M. le duc Victor de Broglie*) « que ces quatre années « sont, avec les dix années du règne d'Henri IV, la meilleure, « la plus noble partie de l'histoire de France. » Sous ce régime réparateur, nos lois révolutionnaires furent ou abrogées ou réformées, et aujourd'hui encore. le Code de 1804 demeure le monument le plus considérable de notre législation civile. Quoique dans quelques dispositions importantes, il s'y trouve sur certaines matières l'influence fâcheuse de préventions contraires à nos traditions religieuses, il faut reconnaître que nos lois civiles s'inspirent généralement du sentiment chrétien.

En ce qui concerne plus spécialement les rapports de l'Eglise avec l'Etat, les lois organiques ont dénaturé l'esprit libéral du Concordat. Bientôt le représentant du pouvoir, ne trouvant plus autour de lui de frein à son impérieuse volonté, voulut asservir la puissance spirituelle dont l'essence est la liberté.

Les pouvoirs qui se sont succédé depuis avec plus ou moins de bienveillance vis-à-vis de l'idée religieuse, avec des degrés divers de tolérance ou de liberté, ont paru craindre cette influence au lieu de la favoriser en lui laissant son libre cours. Ils n'ont jamais assez compris que, loin d'être une entrave au gouvernement des nations, l'expansion, libre de toute attache, des œuvres chrétiennes, était leur meilleur auxiliaire, puisqu'elle amène par sa propre force le relèvement des mœurs et une plus complète observation des devoirs publics. La nécessité sociale de la religion n'implique pas l'abdication ou la subordination du pouvoir civil vis-à-vis du pouvoir spirituel. Les deux pouvoirs doivent être libres et indépendants dans leur domaine spécial. Relativement aux matières mixtes, l'entente est toujours possible et facile quand elle est désirée : consacrée par des traités, elle assure alors et la bonne administration des peuples et le libre gouvernement des âmes.

Jamais, depuis les plus mauvais jours de notre histoire, l'antagonisme entre la liberté religieuse et l'attitude du pouvoir ne s'était aussi vivement accentué comme pendant ces dix dernières années. La tolérance plus ou moins bienveillante est devenue persécutrice. On serait tenté de croire que l'athéisme ou le matérialisme sont désormais les principes de gouvernement.

Il y a plus de vingt ans déjà, au lendemain du congrès de Liège, M. Thiers écrivait à M. de Falloux : « Si, à mon âge, je « suis plongé dans le grimoire algébrique, si je passe mes « journées et des nuits dans les laboratoires de chimie et de « physique, c'est avec la conviction que le matérialisme est le « vrai ennemi du temps, et qu'il faut le combattre avec ses pro- « pres armes, celles qu'il tire d'une fausse idée de la nature. » En effet, la vraie science conduit à l'idée de Dieu, et il faut plaindre ces savants et ces philosophes prévenus qui négligent et suppriment, dans l'œuvre de la nature, sa cause primordiale et le principe créateur.

Aujourd'hui, ces théories abstraites ne restent plus dans le champ de la spéculation scientifique, nos lois même s'impreignent de leur esprit, et la direction gouvernementale, par ses pratiques illégales, par son système d'administration, par l'enseignement donné aux nouvelles générations, tend à détruire le fond commun de nos croyances religieuses. Où sont maintenant les vœux et les doléances de 1789 ? Ceux qui auraient mission de les réaliser, les oublient. Ils font plus, il les dénaturent, les combattent, et, spectacle étrange autant qu'affligeant, c'est au nom de la liberté que l'on viole les droits les plus légitimes.

Le retour aux croyances de nos pères, affirmées par nos lois, serait le remède efficace à un tel état de choses. Aussi, formulons-nous ce vœu général qui contient le principe de notre rénovation, et dont l'accomplissement peut seul sauver le pays, en lui rendant la liberté.

Reconnaître, dans nos lois, la nécessité sociale du christianisme, qui assure et maintient les libertés publiques ; abroger toutes les dispositions qui combattent le sentiment religieux ; restituer à notre législation son caractère vraiment national, c'est-à-dire libéral et chrétien.

IV

Après ce vœu général, votre Commission croit devoir en émettre quelques autres sur des matières spéciales, dont personne ne conteste la gravité.

Un des points qui appelle une réforme fondamentale est notre régime successoral. Nos aïeux de 1789 demandaient, dans leurs cahiers de doléances, *que l'autorité paternelle fût fortifiée.* Ils avaient compris et l'influence morale, et l'importance de cette autorité pour constituer sur de meilleures bases la famille et l'Etat lui-même, qui n'est que la réunion de toutes les familles. Avec une haute sagacité, guidés par un sens droit et perspicace qui leur faisait entrevoir les conséquences fécondes de ce principe, ils réclamaient des garanties plus complètes encore que celles dont ils jouissaient déjà.

La législation de la plupart des provinces était pourtant à cette époque bien plus favorable pour maintenir la puissance du chef de famille, que celle d'aujourd'hui. Dans le midi de la France, où le droit romain était appliqué, en Bourgogne, dans les pays soumis à la coutume de Paris et d'Orléans, malgré certaines restrictions, la quotité disponible s'étendait, quel que fût le nombre d'enfants, à la moitié de la succession. Et pourtant, cet état de choses ne semblait pas suffisant pour sauvegarder la stabilité des familles et des héritages, et donner au chef de la maison le pouvoir de récompenser ou de punir, par une sanction réelle et souveraine, la conduite des enfants. On connait

quel fut le sort de ce vœu si digne d'être accueilli : le besoin
d'innover, des passions haineuses, le sentiment exagéré de l'égalité, le condamnèrent. De là, l'œuvre violente des Assemblées
de la Révolution. Lors de la discussion du Code civil au Conseil
d'Etat, sous le Consulat, Portalis lutta énergiquement, avec
l'ascendant de sa science juridique, son esprit supérieur animé
de sentiments chrétiens et sa parole éloquente ; de concert avec
Malleville, il voulait ramener la quotité disponible à ce qu'elle
était, avant 1789, dans le midi de la France, à la moitié des
biens dans tous les cas. Il échoua devant l'hostilité de préjugés
et de rancunes regrettables. Pour atténuer les résultats du partage égal, les rédacteurs du Code civil crurent qu'en établissant
les partages d'ascendants, ils obvieraient aux inconvénients si-
gnalés, et qu'une stabilité relative dans les familles serait ainsi
assurée. En présence des textes formels du Code (art. 826 et 832
C. civil) et de la jurisprudence de la Cour de Cassation, malgré
les résistances et les protestations de quelques Cours d'Appel,
on voit aujourd'hui combien était vain cet expédient. Les partages d'ascendants sont soumis aux mêmes règles que les autres
partages : et du vivant de l'ascendant, on ne peut renoncer
d'avance, valablement, à l'action en nullité pour vice dans le
lotissement et à l'action en rescision. Ajoutons encore que les
droits d'enregistrement dans ces partages sont excessifs.

Ainsi, la loi est formelle : elle ne peut être ni éludée, ni inter-
prétée dans un sens favorable au pouvoir paternel. Nous n'avons
pas à insister sur les conséquences funestes d'une pareille situation, au point de vue économique, moral et social.

La campagne courageuse, entreprise par M. Le Play et sa
vaillante école depuis plus de 20 ans, a fait une complète lumière
sur cette question, et votre Commission ne pourrait rien ajouter
aux enquêtes minutieuses, consignées dans de nombreux ouvrages connus et appréciés de tous.

Nous ne demandons pas, toutefois, la liberté testamentaire
illimitée. Nous nous arrêtons, à l'heure actuelle, à ce vœu :
nécessité d'augmenter la quotité disponible au profit des descendants légitimes, jusqu'à la moitié des biens.

Vu l'état de nos mœurs, et de fâcheux entrainements dont nos débats judiciaires nous donnent trop souvent des exemples, la liberté de tester, sans conditions, aurait de sérieux inconvénients aujourd'hui. Ce serait peut-être favoriser, non plus toujours la puissance légitime du père de famille, mais quelquefois le caprice coupable d'un testateur oublieux de ses devoirs. En limitant à sa descendance légitime, fils ou petit-fils, le droit de libéralité, on prévient d'avance les abus.

L'autorité paternelle nous amène à dire quelques mots d'un sujet qui s'y rattache dans l'ordre logique, quoiqu'il soit attribué plus spécialement à un autre groupe du programme du Centenaire. Mais il nous semble difficile de passer ici complètement sous silence le droit incontestable attribué, par la loi naturelle, au père de famille, de donner à ses enfants l'enseignement de son choix. Plus d'un, parmi vous, a gardé le souvenir des luttes vives et éloquentes que provoqua, il y a près d'un demi-siècle, la question de la liberté d'enseignement. La loi présentée, en 1849, par M. de Falloux, et votée ensuite par l'Assemblée Nationale, semblait avoir réglé ces débats définitivement et à l'avantage de tous. C'était, on l'a dit, un concordat heureux signé entre l'Etat et les pères de famille. l'édit de Nantes de l'enseignement. Hélas ! cette époque est bien loin de nous. La paix est rompue; aujourd'hui, c'est la guerre. De nouveau, on conteste au père de famille le droit de diriger l'éducation et l'instruction de ses enfants. Que n'a-t-on déjà fait pour mutiler ce monument législatif ! Les anciennes théories despotiques sur le droit de l'Etat au monopole de l'enseignement reviennent au jour, et les pouvoirs publics, loin de les démentir et les combattre, les affirment, en attendant de les appliquer plus généralement. Que deviennent nos principes de liberté, en présence des expulsions de ces religieux que la loi appelait à enseigner, et des restrictions arbitraires que des dispositions récentes ont apportées au choix spontané des instituteurs par les communes. C'est au moment où l'école publique est sans Dieu, qu'on contraint nos municipalités à confier les enfants à des maîtres à qui l'on prohibe de parler de religion, et d'enseigner nos antiques croyances.

Le zèle privé a pu, sur bien des points du pays, conjurer en partie le péril d'une éducation athée. Mais que de difficultés, que d'entraves ! En outre, dans la France rurale, si importante par sa population et si digne d'intérêt, quels moyens de lutter contre cette oppression des consciences ? Un pouvoir ami des classes populaires, ne consentirait pas à éteindre, dans les jeunes âmes, tout sentiment divin. Quelles générations nous préparerait un tel système d'éducation, s'il se prolongeait ! Le vœu de nos populations est de revenir à l'enseignement chrétien et de proscrire ce système de prétendue neutralité, euphémisme singulier qui ne trompe personne.

V

L'on ne saurait trop rappeler la date de la loi qui a introduit pour la première fois le divorce dans la législation française. C'est l'époque dont parle Lacordaire dans ce mémoire inédit dont nous avons cité la phrase caractérisque. La loi fut promulguée (1) la veille du jour où allait se réunir la Convention, issue sous la pression et la terreur des journées de septembre. L'Assemblée législative était sans pouvoir régulier, car le chef de l'Etat était au Temple, et le nouveau gouvernement n'allait être proclamé que le lendemain, on sait dans quelles conditions. Ce jour-là donc, cette Assemblée expirante, réduite alors à 200 membres à peine (car le parti modéré avait disparu), décimée par l'émeute, ne subsistant plus que par sa faiblesse ou sa complicité avec les crimes qu'elle avait tolérés, réduite (suivant le récit de Cambon) *à un honteux accablement*, édictait, quelques semaines après le 10 août, au lendemain des massacres de l'Abbaye et de la Force, la dissolution du lien conjugal. Quelle était la puissance exécutive qui promulguait l'œuvre de l'Assemblée ? Le ministre de la justice chargé d'en assurer l'application était

(1) La loi sur le divorce est du 20 septembre 1792.

l'homme qui, peu de jours avant, avait dit aux députés désireux d'arrêter le carnage : « Il faut encore un peu de sang, c'est un sacrifice indispensable ; d'ailleurs le peuple ne se trompe pas, » celui qui avait lui-même réglé tous ces crimes, Danton.

Telle est l'origine du divorce légal en France. Par sa nature, il est contraire aux traditions du pays et au principe constitutif de la famille. Sans insister sur son caractère antichrétien, indiquons seulement pourquoi l'indissolubilité du lien conjugal est nécessaire, indispensable à la société. La loi, loin de se faire complice du relâchement des mœurs, doit réagir contre l'abaissement du degré de la moralité des peuples. Cette facilité de rompre le mariage ouvre la porte à tous les débordements : le divorce ébranle la base de l'État ; il détruit la famille ; en anéantissant le pouvoir domestique, il conduit directement à l'abandon moral des enfants et tarit par la suite la source de la population. Qui ne voit combien le divorce, laissant une libre carrière à la satisfaction des sens, amène logiquement la stérilité des familles. Car la présence des enfants est encore une barrière salutaire qui peut empêcher la réalisation du désir de rompre la première union. Mais si l'on ajoute, à notre époque, aux entraînements d'un luxe excessif et aux besoins immodérés du bien-être matériel qui limitent déjà la fécondité dans le mariage, la perspective d'un divorce, et la facilité de l'obtenir, les causes de dépopulation se multiplient et la loi les favorise. Si dans tous les cas, cet effet déplorable ne se produit pas, si l'instinct naturel au cœur du père et de la mère l'emporte, si le désir de perpétuer un nom, de fonder une famille persiste, le divorce amène alors d'autres inconvénients bien graves encore : des enfants destinés à vivre réunis seront séparés, d'autres, étrangers et n'ayant pas une commune origine, forcés de vivre sous le même toit. Que devient la paix du foyer devant cette promiscuité ? N'est-ce pas alors que se réalisera, au préjudice de l'État, cette conséquence funeste indiquée dans l'Évangile : « Toute maison divisée contre elle-même tombera. »

Les lois révolutionnaires accordaient des récompenses publiques aux femmes qui devenaient mères hors du mariage. Ces dispositions outrageaient dans son essence le mariage ; elles s'harmonisaient avec l'institution du divorce. Le lien conjugal pouvait être dissous, alors qu'on plaçait sur le même rang les enfants naturels et ceux d'une union légitime. Mais que penser de l'introduction, ou plutôt du maintien du divorce dans le Code civil ? Nos législateurs de 1804 qui, dans l'ensemble de leur œuvre, réalisaient les vœux des cahiers de 1789, cédaient sur ce point aux inspirations malsaines de 1792 et à la contagion des mœurs dissolues des dernières années. Les documents officiels du Code indiquent, à ce sujet, des divergences qui prouvent la lutte de deux tendances opposées : « Le mariage, disent les « rédacteurs du projet du Code, considéré en lui-même, et dans « ses rapports naturels, offre l'idée fondamentale d'un contrat « *perpétuel* par sa *destination*, et le vœu de la *perpétuité* dans le « mariage paraît le *vœu même de la nature.* » Ainsi le principe est reconnu, admis : le mariage est *naturellement* indissoluble. Et pourtant le divorce est maintenu et réglementé. Cette contradiction regrettable ne peut s'expliquer que par l'époque troublée que l'on quittait à peine, et par les éléments disparates que le Premier Consul avait réunis sous sa puissante autorité pour reconstituer le pays. Et puis le chef de l'Etat rêvait et préparait l'Empire. Peut-être songeait-il déjà à briser le lien civil qui seul l'attachait alors à celle à qui il s'était uni.

La loi du 8 mai 1816 restituait au mariage son vrai caractère. En abolissant le divorce, elle revenait aux traditions françaises, et supprimait pour l'avenir des éléments nombreux de discorde dans la famille, provoqués par l'innovation de la loi du 20 septembre 1792. Aujourd'hui, le rétablissement du divorce, avec nos mœurs nouvelles et notre civilisation que le matérialisme menace, est plus dangereux encore. Il ne s'explique que par un sentiment d'hostilité contre l'esprit chrétien et par un relâchement extrême de moralité.

Votre Commission réclame le retour à la loi du 8 mai 1816.

VI

L'esprit général de notre droit criminel s'inspire, comme notre droit civil, du sentiment chrétien. Jusqu'à ces dernières années, sauf certaines dispositions regrettables de défiance vis-à-vis de la liberté religieuse, nos lois criminelles étaient dans leur principe essentiellement spiritualistes. En effet, c'est la responsabilité, la liberté morale de l'agent qui seule permet à la justice d'appliquer les peines encourues par la violation des devoirs. Les théories matérialistes et athées, si elles venaient à prévaloir, détruiraient par la base tout notre système pénal. Si la volonté n'est pas libre, si l'âme humaine n'est plus qu'un résultat de l'organisme et la pensée qu'une fonction mécanique du cerveau, il n'y a plus de justes peines, plus de justice, et partant plus de société possible. C'est donc ici le spiritualisme chrétien qui manifeste tous les jours dans leur application le vrai caractère des lois pénales. L'influence du christianisme a de plus adouci les peines, le traitement des accusés et des condamnés.

Les prescriptions des articles 199 et suivants du Code pénal ne sauraient être maintenues avec leur sévérité excessive, dans une législation chrétienne. Celui qui a la direction des consciences et des âmes ne doit pas s'immiscer dans les luttes politiques. Mais son devoir est de signaler, hautement et avec indépendance, aux fidèles dont il est le pasteur, le danger, pour la foi, de mesures portant atteinte à leurs croyances. Ce droit il n'aura pas à l'exercer si le pouvoir civil n'empiète pas sur le domaine religieux.

Pourquoi les prohibitions d'associations religieuses, alors qu'on tolère et favorise celles qui minent l'ordre social ? Pourquoi alors qu'on s'occupe d'organiser légalement le droit d'association, proscrire et exclure les corporations dont l'ascendant moral est si utile au pays ? Pourquoi, après cent ans de luttes pour conquérir la liberté, interdire à ceux qui veulent quitter

le monde, le droit de se réunir pour prier et travailler? C'est
une violation flagrante des libertés inscrites autrefois sur des
programmes trop vite oubliés et méconnus. Nous sommes ainsi
ramenés plus durement encore au système de l'arbitraire. Mais,
même en dehors du régime infligé aux corporations ecclésiastiques, quel est aujourd'hui l'état légal du droit d'association et
quelle est l'application que l'on en fait? Les dispositions des
articles 291 et suivants du Code pénal, modifiées par la loi du
10 avril 1834, sont prohibitives : elles ne sont plus en harmonie
avec nos mœurs, nos habitudes. Cependant, on les applique
encore quelquefois, et dans quelles circonstances! Suivant le
bon plaisir de ceux qui ont la direction des affaires publiques.
Telle association est tolérée, patronnée même, telle autre est
poursuivie. La justice d'un pays libre, soucieuse de bien remplir
sa mission, doit être la gardienne impartiale de tous les droits
et de tous les intérêts. Elle ne doit pas faire acception des personnes, et il faut que tous les citoyens, à quelque opinion
qu'ils appartiennent, soient régis par la même loi.

Nous pourrions relever des faits d'une autre nature, les coali-
tions, les accaparements réprimés par le Code pénal qui, suivant
les cas ou suivant les personnes en cause, sont poursuivis parfois
avec rigueur, d'autres fois impunis. L'application équivoque
et variable de la loi diminue son autorité et le respect dont elle
doit être entourée.

Malgré les défaillances du jury, au grand criminel, et les trop
nombreuses décisions, si regrettables au point de vue de la
vindicte publique, nous estimons que ces résultats proviennent
plus encore de la composition du personnel que du principe
lui-même. Le jury est une institution libérale dont l'origine re-
monte à nos vieilles traditions nationales. Dans les affaires
civiles, qui exigent pour les apprécier des conditions spéciales
d'étude et d'aptitude, cette institution serait déplacée et fâcheuse :
mais gardons le jury pour les affaires criminelles et les délits
politiques, de presse ou d'opinion. Que les listes soient for-

mées surtout en vue d'une bonne justice, sans autre parti pris, qu'elles comprennent ceux dont la capacité et l'honorabilité sont signalées plus spécialement, et qu'on évite d'en exclure l'élément impartial. Malgré l'imperfection actuelle de la composition du jury, il y a dans cette institution plus qu'ailleurs des conditions d'indépendance, et partant de bonne justice.

Au milieu des nombreuses mesures légales qui, dans ces derniers temps, sont venues affliger les consciences, nous ne pouvons qu'applaudir à l'esprit qui a inspiré la loi du 14 août 1885 : elle est due à l'initiative de M. le sénateur Bérenger ; elle a été provoquée par une pensée de charité sociale ; elle est essentiellement chrétienne dans son principe. Le législateur veut prévenir la récidive par des moyens moraux et efficaces. La libération conditionnelle et surtout le patronage à l'aide duquel le condamné libéré pourra trouver du travail, se réhabiliter par sa bonne conduite et reprendre dans la société la place qu'il avait avant sa faute, sont des prescriptions qu'on ne saurait trop approuver. Si elles peuvent être exécutées sur une vaste échelle, leurs résultats seront bienfaisants et réparateurs, mais à une condition toutefois. Ici, plus qu'ailleurs, pour que les sociétés de patronage puissent se multiplier en répondant au vœu de la loi, il est indispensable que le sentiment religieux anime ces sociétés dues à l'initiative privée, et l'élément chrétien doit y avoir une part d'influence bien nettement accentuée. Si l'antagonisme existe toujours entre les pouvoirs publics et les personnes professant hautement leurs croyances, ces sociétés seront dès le début de leur formation frappées d'impuissance. Il est à craindre que l'administration, qui enlève aux corporations congréganistes, précédemment autorisées, la direction des pénitenciers où les jeunes détenus se réhabilitaient par le travail et une instruction chrétienne, n'apporte, dans l'application de cette loi, le même esprit d'exclusivisme et d'intolérance qui, loin de favoriser ces institutions de bienfaisance, paralyseraient leur développement.

VII

Une grande réforme sollicitée en 1789, c'était de voir séparer
la justice et l'administration : ces deux pouvoirs ne devaient plus
être confondus. Les Parlements avaient cumulé ces attributions
diverses : de là, des abus et des entreprises souvent regrettables.
Relevons toutefois le plus grand titre de gloire de nos anciens
parlementaires. A une époque où les Assemblées du pays avaient
cessé de se réunir, alors que la voix des Etats Généraux ne se
faisait plus entendre, les Parlements, par leurs remontrances et
leur refus d'enregistrer les édits bursaux, avaient plus d'une
fois apporté dans le gouvernement un élément sérieux de
contrôle. Le respect que les Parlements portaient à la Royauté
n'excluait pas la liberté et la dignité de leurs réclamations. Ils
eurent même à subir les rigueurs du pouvoir pour s'être mon-
trés, avec noblesse et courage, indépendants. La séparation des
deux pouvoirs administratif et judiciaire est une conquête légitime de nos temps modernes ; c'est la base de notre droit public : n'oublions pas qu'elle nous vient des cahiers de 1789. Mais, à
l'heure actuelle, que devient ce principe? Ce n'est plus aujourd'hui
l'autorité judiciaire qui empiète sur l'administration ; l'administration, toutes les fois qu'elle intervient, et elle le peut toujours,
supprime la justice. Lorsque, en 1848 (Constitution du 4 novembre 1848, art. 89 ; règlement du 26 octobre 1849 et loi du 4 février 1850), il fut créé un tribunal spécial pour juger les conflits
d'attributions entre l'autorité administrative et l'autorité judiciaire, on put espérer que cette institution assurerait désormais
l'indépendance des décisions à intervenir. 1852 supprima cette
juridiction. Aujourd'hui, le tribunal des conflits, loin de répondre au vœu du législateur qui l'avait rétabli en 1871, est devenu,
par les éléments dont il se compose et par le rôle prépondérant
du ministre de la justice qui le préside, l'organe envahissant qui
paralyse toutes nos lois libérales, et le plus grand ressort d'oppression. Cette institution favorise la violation de toutes les

garanties de notre législation civile et criminelle. Le gouvernement, à l'aide de ce tribunal, confisque à son profit tout recours contre ses actes les plus arbitraires. Selon le bon plaisir de l'administration, tout aboutit à cette juridiction exceptionnelle, questions de liberté, de propriété, d'état civil. Le pouvoir judiciaire est dessaisi, alors même qu'il se déclare compétent, par un simple arrêté de conflit. Ce n'est plus la loi qui règle désormais les rapports de toute chose et les droits des personnes, c'est l'arbitraire. La théorie de l'acte de gouvernement permet ainsi toutes les usurpations. Nos lois établiraient-elles par leurs dispositions précises le régime le plus équitable, elles seraient encore impuissantes, à l'aide des empiètements du pouvoir. Où est dès lors la sanction de nos constitutions, de nos lois les plus protectrices ? Un déclinatoire d'abord, un arrêté de conflit si les tribunaux résistent, la rendent vaine et la suppriment. Et cependant l'acte de gouvernement lui-même, invoqué pour dessaisir la justice, n'échappe pas à l'examen des tribunaux. Quand ce fait ne rentre pas dans l'exercice des pouvoirs réguliers de la Constitution, s'il porte atteinte à la liberté, à la propriété du citoyen, l'autorité judiciaire doit le retenir et le juger : ce principe de droit ne saurait être contesté. A plus forte raison, quand cet acte de gouvernement est la perpétration matérielle d'un fait constituant un délit ou une mesure contraire à nos lois civiles ou criminelles.

Le vœu de votre Commission, confirmé par tous ceux qui ont souci de la justice, est de voir disparaitre cette institution oppressive, telle qu'elle fonctionne actuellement.

Le mieux serait d'attribuer à la Cour de cassation, réunie en assemblée générale, la connaissance de toutes les affaires judiciaires où un arrêté de conflit interviendrait. La Cour de cassation examinerait si la question est de la compétence judiciaire, et dans ce cas déciderait, souverainement, qu'elle doit être déférée pour le jugement aux tribunaux de droit commun. Cette solution serait conforme aux vrais principes de justice, qui veulent qu'il soit laissé au pouvoir judiciaire toute sa liberté, et que nul fait de l'administration ne puisse l'entraver dans son action. Toutefois, tant qu'il existera des tribunaux administratifs (et il nous paraît désirable de les voir supprimer ; un régime vraiment libéral ne saurait comporter des juges à la discrétion du pouvoir), des conflits d'attributions se produiront. Si l'on craignait de donner un rôle trop prépondérant au pouvoir judiciaire, en le rendant seul juge des affaires de conflits, il serait facile d'introduire dans la composition du personnel des juges un élément étranger à la magistrature. La moitié des membres du tribunal des conflits serait désignée par la Cour de cassation et choisie dans son sein ; l'autre moitié se composerait de membres appartenant à l'Académie des sciences morales et politiques, à la Faculté de droit de Paris et au Conseil de l'Ordre des avocats, désignés par chacun de ces corps. Le tribunal ainsi formé élirait son président. L'indépendance de ses membres ne serait plus suspectée. De cette façon, les pouvoirs publics seraient d'autant plus respectueux des droits des tiers qu'ils craindraient davantage de voir condamner les mesures qui auraient amené ces recours.

Les dernières décisions du Tribunal des conflits (mars 1889), si elles honorent l'indépendance de la majorité des juges, loin d'affaiblir nos critiques, les confirment sur un point capital. Le ministre de la justice, cette fois, ne présidait pas les débats. Est-ce fortuitement ou avec intention ? Quoi qu'il en soit, il est urgent de ne pas laisser dans la loi un droit excessif qui permet au garde des sceaux, chef suprême du personnel judiciaire, d'intervenir comme juge et de présider ce tribunal. Le ministre de la justice, membre d'un gouvernement qui agit dans les affaires de conflit, on sait avec quelle rigueur, devient le juge influent d'une cause où il est partie intéressée au premier chef. D'ailleurs, en dehors du ministre président, les autres juges qui n'appartiennent pas à l'ordre judiciaire sont membres du Conseil d'Etat. Ces derniers, par leurs attaches gouvernementales et leur situation précaire, car ils sont toujours révocables, n'offrent pas des conditions d'impartialité. En éliminant du Tribunal des conflits ces juges administratifs, on ne serait plus en présence d'une jurisprudence flottante et équivoque qui varie suivant les impressions du moment, et qui, dès lors, n'offre pas aux justiciables les garanties nécessaires pour la protection de leurs droits.

Mais les ressorts légaux ont été tellement faussés et dénaturés que, sans même recourir au Tribunal des conflits, l'administration s'est attribué un pouvoir supérieur à tous les droits. Elle supprime, dans certaines questions, sous prétexte d'un droit de haute police, toutes les juridictions et tout moyen de recours contre ses actes. N'avons-nous pas vu dernièrement échouer, devant le Conseil d'Etat, les demandes légitimes de curés et de desservants réclamant leurs traitements supprimés, contre toute justice ? Les motifs sont précis : « Attendu que les « décisions prises dans l'exercice de ce pouvoir de haute disci- » pline par le ministre, chargé du service de la police des cultes, « ne sont pas susceptibles d'être discutées devant le Conseil « d'Etat statuant au contentieux. » Ainsi, la mesure arbitraire qui, au mépris de nos lois concordataires, supprime, sans motifs sérieux, l'indemnité des curés et desservants, ne peut être attaquée devant aucune juridiction, et ne saurait être réformée : le bon plaisir d'un ministre, c'est la loi. Cette théorie que le Conseil d'Etat a consacrée (1er février 1889), a été condamnée d'avance par les savantes et vigoureuses conclusions du commissaire du gouvernement qui demandait l'annulation des décisions attaquées. Et cependant, dans cette matière, nos lois pénales n'ont pas désarmé le pouvoir. Les articles 201 et suivants du Code pénal prévoient et punissent, trop sévèrement, nous l'avons dit, les faits reprochés aux curés et aux desservants. Pourquoi alors créer vis-à-vis d'eux une pénalité nouvelle, non édictée ? Craindrait-on le débat public, et aussi, malgré la réforme de la magistrature, l'indépendance des tribunaux ? Ainsi, ce droit de haute discipline n'est écrit nulle part dans notre législation ; il est de plus en opposition directe avec le texte même de nos lois pénales déjà si rigoureuses sur ce point.

VIII

Ce n'est pas seulement en récusant l'intervention judiciaire que l'administration se substitue à la justice, et manifeste ses sentiments d'hostilité vis-à-vis de la liberté religieuse. Dans d'autres circonstances, elle méconnaît l'autorité des jugements des tribunaux et s'attribue le droit de les réformer indirectement. Qu'il nous suffise de mentionner notamment un fait qui a vivement impressionné le public. Un instituteur congréganiste était traduit devant un tribunal correctionnel (Trib. corr. de Céret). Son innocence fut complètement reconnue, il fut acquitté. Mais poursuivi disciplinairement, peu de jours après, devant le Conseil départemental de Perpignan (la décision du Conseil départemental est de janvier 1889), l'instituteur s'est vu frappé par ce Conseil de l'interdiction perpétuelle d'exercer sa profession.

Dans les diverses espèces que nous venons de signaler, nous chercherions vainement l'application du principe de la séparation des pouvoirs demandée par nos pères, en 1789. L'administration envahit le domaine de la justice et méconnaît l'autorité de la chose jugée. Le résultat de ces agissements conduit à la suppression de toute liberté. Tous les intérêts sont menacés, et le danger est d'autant plus grand que, à l'heure actuelle, les passions les plus violentes sont déchaînées et que le nombre seul fait loi.

Si nous insistons sur la nécessité de restituer au pouvoir judiciaire la connaissance de toutes les causes qui rentrent nécessairement dans ses attributions, c'est d'abord pour revenir à l'exacte application des lois, et aussi pour soustraire les droits les plus sacrés à l'arbitraire de l'administration. L'inamovibilité du juge le met à l'abri de certaines influences. Il y a de plus, dans l'exercice du pouvoir judiciaire, même dans nos temps si troublés, des conditions essentiellement protectrices des libertés publiques et privées : le respect de la loi et la dignité de la fonction s'imposent aux membres de la hiérarchie judiciaire à tous les degrés. Quand il faut motiver une décision, justifier une condamnation, proportionner la peine au délit, prononcer un jugement qui sera soumis à plusieurs recours, l'arbitraire devient difficile. La magistrature a, d'ailleurs, en France, de nobles traditions. L'atmosphère de la justice, malgré l'orage de ces dernières années, en est encore imprégnée. Décimée naguère, la puissance judiciaire a gardé toutefois dans son domaine, avec les glorieux exemples, les vestiges de l'impartialité, et quoiqu'on ait voulu l'asservir, elle sait encore être indépendante.

On se souvient des scènes barbares qui, récemment et sur divers points de la France, se sont déroulées devant nos cours d'assises, où l'antagonisme social avait pris un caractère effrayant d'atrocité. En dehors de ces procès, que de faits nombreux, moins criminels, il est vrai, indiquent toutefois une situation générale inquiétante ! Les relations entre le travail et le capital amènent trop souvent des conflits ; nos économistes cherchent à les résoudre par de généreux efforts ; mais la conciliation ne se fait pas, et la paix publique est menacée comme les intérêts privés. Ce n'est pas en vain qu'on a voulu éteindre la foi religieuse. Ces problèmes difficiles se renouvellent avec acuité : le christianisme en a la solution en édictant les devoirs qui s'imposent aux patrons et aux ouvriers. Si les lois reflétaient mieux les préceptes de l'Évangile, si les mœurs suivant une impulsion plus charitable, s'inspiraient davantage de ses vertus et de ses espérances immortelles, nous ne verrions plus ces tristes spectacles, et l'avenir serait moins sombre.

Revenons à l'esprit chrétien : n'oublions pas l'origine du droit. L'antiquité elle-même reconnaissait la source d'où découlent les rapports naturels qui règlent toute chose ; par l'organe de ses plus illustres jurisconsultes et de ses grands citoyens, elle affirmait que la loi était la pensée de Dieu ; *mens Dei*, disait Cicéron. Infusons de plus en plus dans nos lois les principes de cette religion qui a affranchi le monde. Rappelons-nous que le christianisme est éminemment social, qu'il inspire tous les dévouements et tous les courages, qu'il prescrit tous les devoirs et consacre nos droits les plus respectables.

Que les pouvoirs publics n'entravent plus la liberté religieuse, car elle est la sauvegarde en même temps que l'appui des autres libertés sociales ! Attendons la rénovation du pays du progrès moral plus encore que de nos conquêtes scientifiques. Ce n'est plus dans nos Temples seulement, mais dans les Assemblées de la nation qu'il faut redire bien haut ce précepte du Christ : « L'homme ne vit pas seulement de pain, mais de toute parole qui sort de la bouche de Dieu. »

L'Assemblée adopte les vœux dont la teneur suit :

VŒUX RELATIFS A LA JUSTICE

L'Assemblée émet le vœu général que l'on reconnaisse dans nos lois la nécessité sociale du christianisme, qui assure et maintient les libertés publiques ; que l'on abroge toutes les dispositions qui combattent et entravent le sentiment religieux ; que l'on restitue à notre législation son caractère vraiment national et chrétien.

Elle émet le vœu :

I. — Que l'inamovibilité de la magistrature soit respectée ; que des conditions de stage, de capacité, d'honorabilité donnent aux magistrats l'autorité nécessaire pour être respectés de tous ;

II. — Que la prépondérance de l'administration, en ce qui concerne le règlement des conflits, soit abolie ; que les attributions contentieuses des juridictions administratives soient supprimées et rendues aux tribunaux judiciaires ;

III. — Que l'indépendance des juges de paix soit garantie par des dispositions légales réglant leur nomination, leur avancement, leur révocation et leur déplacement ;

IV. — Que leur compétence soit étendue ;

V. — Que les jurés soient choisis de façon à donner de sérieuses garanties de savoir, de jugement et d'impartialité ;

VI. — Que l'on introduise comme élément prépondérant l'élément judiciaire pour la formation de la liste des jurés ;

VII. — Que les juridictions spéciales, éminemment propres à développer le sentiment de la responsabilité et du devoir dans le peuple, soient multipliées ;

VIII. — Que les frais de justice soient sensiblement réduits par une nouvelle loi de procédure.

A M. Tavernier succède M. l'amiral Rallier du Baty, chargé de présenter le rapport relatif à l'Armée et à la Marine.

RAPPORT DE M. L'AMIRAL RALLIER DU BATY

MESSIEURS,

Si nous avons tenu, jusqu'à présent, à maintenir nos débats en dehors de l'esprit de parti, combien n'est-ce pas plus nécessaire maintenant qu'il s'agit de l'armée, de l'armée qui, par essence, est au-dessus de tous les partis ?

Je le déclare donc tout d'abord, je me sens absolument dégagé de toute préoccupation de ce genre. Je cherche le bien, prêt à le prendre d'où qu'il vienne.

Qu'il soit aussi bien entendu que je parle en mon nom personnel, et non pas au nom de l'armée, qu'on a bien nommée « cette grande muette ».

Eh ! qui donc oserait parler au nom de l'armée qui ne parle pas ? Qui donc oserait se plaindre au nom des soldats qui ne se

plaignent pas ? Qui songerait à réclamer au nom de marins qui
ne réclament pas, et qui s'en font également gloire ?

Assurément ce ne sera pas moi, que près de cinquante ans de
service ont incrusté dans ce moule du renoncement volontaire.

C'est en votre nom, Messieurs, que je porte ici la parole, au
nom de tous, pères de famille, qui, en livrant à l'Etat notre bien
le plus précieux, nos fils, la chair de notre chair, avons bien le
droit, sans doute, de voir ce qu'il en fera et d'insister pour qu'il
en use en « bon père de famille. » C'est le terme consacré pour
un bail, et nos fils nous tiennent au cœur bien autrement qu'une
ferme !

I

Eh bien ! oui, nous donnons nos fils, puisque c'est un mal
nécessaire ; mais nous les rendra-t-on meilleurs, plus soumis,
plus respectueux, plus pondérés, plus virils, prêts à devenir à
leur tour citoyens et pères de famille ? — A-t-on du moins
quelque souci de préserver leur foi et leurs mœurs ? — Qui
domine dans la caserne : sont-ce les bons ou les mauvais ? —
Quel est l'esprit qui y règne : sont-ce les sentiments élevés ou le
grossier matérialisme ? — Enfin, le prêtre est-il là pour soutenir,
pour consoler, pour aider à réparer les défaillances inévitables ?

Messieurs, je pose les questions ; je n'ai pas le courage d'y répondre.

J'ai vu pleurer des paysans bretons quand leurs fils partaient
pour l'armée : « Monsieur, mon fils va être soldat ! — Eh ! bien,
courage, mon ami ! son temps fini, il reviendra. — Il reviendra,
oui, je l'espère ; mais comment reviendra-t-il ? Sera-t-il comme
on en voit tant d'autres ? Va-t-il pas oublier là-bas le bon Dieu
et l'honnêteté !... Ah ! s'ils avaient au moins des prêtres ! »

Messieurs, voilà le cri du cœur ! Ce qu'il craignait pour son
fils, ce robuste travailleur, ce n'était pas le rude labeur dont il
lui donnait l'exemple ; ce n'était pas non plus le danger : son
cœur viril l'affrontait ; c'était l'immoralité !

Et vous, mères de famille, qui avez veillé pendant vingt ans
sur le cœur de votre fils, cultivé l'âme de l'enfant, préservé les

mœurs du jeune homme avec tant de sollicitude, qui avez rêvé de le garder pur pour la femme qui sera la sienne, pouvez-vous, sans frissonner, le voir affronter ainsi les immoralités de la garnison, les grossièretés de la caserne, sans votre auxiliaire dévoué, sans son tuteur naturel : le prêtre ?

Je sais bien qu'on va me dire qu'il y a des prêtres à la paroisse ; mais ce que je sais bien aussi, c'est que, s'il faut que nos soldats aillent chercher le prêtre à l'église, soit timidité, soit respect humain, que sais-je ?. . neuf sur dix resteront en route et s'arrêteront au café.

Ce qu'il faudrait, c'est que le prêtre fût chez lui dans la caserne, qu'il y eût son appartement où chacun pût entrer à l'aise, rire ou pleurer suivant le cas : qu'il pût se promener dans les cours, causant avec l'un, avec l'autre, et que la chapelle ne fût pas loin. Les familles y trouveraient leur compte, et, croyez-en ma parole, la discipline n'y perdrait rien !

En sommes-nous là ? je vous le demande.

Ah ! la protestante Angleterre entend autrement son devoir envers ses soldats catholiques : j'ai vu à la Jamaïque un jésuite de mon pays qui s'offrit immédiatement à me présenter chez le général. « Vous le connaissez donc ? lui dis-je. — Comment donc ! nous sommes très liés : je suis aumônier militaire, fort bien avec tous ces messieurs. Chaque samedi matin, on me fait prendre en voiture et l'on me mène aux « barracks » — ce sont les casernes anglaises qui sont situées dans la montagne, à une lieue de la ville. Là m'attend un bon déjeuner ; puis je passe mon après-midi à confesser mes Irlandais ; je leur fais une instruction et je couche au camp : j'y ai ma chambre. Le dimanche matin, je dis la messe, je communie mes braves garçons et cause longuement avec eux ; puis on me fait déjeuner et l'on me ramène en voiture. Vous le voyez, ce n'est pas bien rude, et je le ferais volontiers pour rien. Eh bien ! on me donne dix-huit cents fr., qui paient l'entretien de notre chapelle. »

Ah ! messieurs, nous sommes loin de compte et, puisque nous revenons en France, saluons en passant cette terre de Jersey et de Canterbury, où nos religieux expulsés peuvent encore donner à nos fils une éducation toute chrétienne et toute française, à l'abri de cette liberté anglaise, qui est trop réelle pour songer à s'afficher sur les murs!

Parlerai-je de la liberté turque? Dirai-je que j'ai vu à Beyrouth une université catholique tenue par ces mêmes jésuites? Elle a six cents élèves internes, et la France, je le dis tous bas, la subventionne timidement, par un patriotisme intelligent qu'on devrait bien réimporter.

Dirai-je que j'ai vu à Tunis, comme on le voit à Constantinople, la procession du Saint-Sacrement circuler librement par les rues, sous l'escorte de soldats turcs, qui croient s'honorer et qui s'honorent en protégeant une manifestation religieuse?

Rappellerai-je que ces mêmes soldats montent la garde au Saint-Sépulcre? Que nos pèlerins ont pu porter une croix de sept mètres dans les rues tortueuses de Jérusalem sans que personne leur reprochât d'entraver la circulation, et jusque dans la caserne turque où se trouve une station du chemin de la croix,— tandis que nos soldats français ne peuvent plus entrer dans l'église pour l'enterrement de leurs chefs. si bien que beaucoup de ceux-ci renoncent d'avance aux honneurs militaires, afin de ne pas être l'occasion d'une honte pour leurs camarades et d'un affront pour leur Dieu.

Certes, l'exercice a du bon ; la théorie est une belle chose ; mais ce qui fait le nerf d'une armée, par dessus tout, c'est le moral, c'est l'obéissance voulue, c'est le respect des chefs et de soi-même, c'est le sentiment du devoir, c'est la soif du dévouement, la passion du sacrifice. — N'élevons donc pas un mur entre l'armée et l'Eglise. cette grande école du respect, cet enseignement vivant du devoir et du sacrifice! Elevons l'âme de nos soldats au niveau de leur noble tâche. Réclamons hautement pour eux la liberté d'honorer Dieu, comme en Angleterre, comme en Turquie, et acclamons d'une voix unanime « le rétablissement sérieux de l'aumônerie militaire (1). »

(1) Dans la crainte d'être trop long, j'ai sacrifié beaucoup de détails qui avaient pourtant leur intérêt. On m'a reproché, notamment, de n'avoir pas introduit dans le rapport un développement que j'ai donné de vive voix. lors de la dis-

II

Si nous nous sommes étendu un peu longuement sur cette
cette première question , c'est que, pour nous, c'est la princi-
pale. Nous toucherons plus légèrement les questions purement
techniques, et encore les traiterons-nous à notre point de vue
spécial du citoyen père de famille.

* *

La mode est aux armées nombreuses. Les nations se poussent
l'une l'autre dans cette voie du militarisme. L'Europe marche à
grands pas vers cet idéal du jour que l'on nomme la nation armée, sorte de horde perfectionnée, régime charmant renouvelé
des Huns. J'ai peine à y voir un progrès.

Le jour où le choc aura lieu, ce ne sera plus le duel de Fon-
tenoy : « Messieurs, tirez les premiers ! » ce sera un massacre
horrible, d'où les combattants, vainqueurs ou vaincus, courent
le risque de sortir épuisés de sang pour vingt ans. En attendant

cussion du vœu sur l'aumônerie maritime. Cette aumônerie n'est pas encore
absolument supprimée ; on ne peut pas nous dire à nous, quand nous sommes
entre mer et ciel, qu'il y a des prêtres à la paroisse ; elle est seulement réduite
à sa plus simple expression. Pour toute l'escadre, par exemple, il y a *un seul*
aumônier. C'est tout juste pour la graine ; espérons qu'elle germera...

A l'appui de ce souhait patriotique, qu'on me permette de donner le récit
d'une des journées les plus émouvantes de ma vie ; les faits plaideront la cause
plus éloquemment que je ne saurais le faire.

Il y a une dizaine d'années, je commandais la *Provence*, en escadre. Nous
étions mouillés à Villefranche et tout prêts à lever l'ancre pour aller évoluer au
large ; tout à coup, une explosion sourde et des torrents de vapeur noircie signa-
lent un accident grave sur la *Revanche*, notre voisine. Une chaudière venait
d'éclater, répandant sa vapeur brûlante, et les pauvres échaudés se jetaient par
grappes à la mer.

Nous en recueillons une vingtaine (ils étaient bien quatre-vingt-dix) et, le
premier émoi calmé, je prends la *Revanche* à la remorque, pour l'amener à Toulon, où l'hôpital attendait les victimes ; beaucoup ne devaient pas l'atteindre.

Je n'oublierai de ma vie l'aspect qu'offrait, cette nuit-là, notre pauvre hôpital
du bord, ces fantômes blancs, couverts d'ouate épaisse, avec deux trous pour
y voir et deux autres pour respirer, s'agitant lugubrement aux lueurs dou-

ce choc, devant lequel chacun recule, la France s'en va grand
train à l'abêtissement et à la ruine. Si énorme que soit le sacrifice, je ne le marchanderais pas s'il me paraissait nécessaire à la
défense du pays ; mais, en mon âme et conscience, je le crois
au moins inutile.

Quoi que nous fassions, en effet, nous serons toujours limités
par nos ressources budgétaires qui ne nous permettront jamais
d'instruire sérieusement toute la classe.

Pour appeler beaucoup d'hommes, il faut les garder moins
longtemps et tronquer leur éducation ; en un mot, nous n'aurons le grand nombre qu'aux dépens de la qualité.

Le tout est donc de trouver le point où le produit de ces
deux facteurs fournit le plus d'effet utile. Or, tous les hommes
compétents disent qu'avec le service actuel, ce point est largement atteint, et qu'avec le service de trois ans il sera sûrement
dépassé. — On le voit, la chose est bien simple ; mais l'esprit de
parti s'en mêle, surtout cette rage antichrétienne à qui nous
devons tous nos maux.

C'est elle, à n'en pas douter, qui, sous prétexte de patriotisme,
veut entasser notre jeunesse à la caserne sans Dieu, comme elle a

teuses d'un fanal, leurs yeux fixes et démesurés, leurs contorsions de damnés,
les hurlements rauques que leur arrachait la douleur et qui n'avaient rien
d'humain ; c'était une page de l'Enfer !

L'aumônier fourni par l'escadre était à bord de la *Revanche*.

Heureusement la Providence m'avait envoyé un prêtre, venu le matin à mon
bord, avec une famille de Menton, pour assister à nos manœuvres. Il ne voulut
pas nous quitter et passa cette longue nuit à soulager ces malheureux.

Il allait de l'un à l'autre, consolant, parlant de Dieu, écrivant sur son carnet
les recommandations dernières, pour les transmettre à la famille ; ces mori-
bonds se l'arrachaient, l'appelant de leur voix râlante : « A moi, Monsieur
l'abbé, à moi ! » Tous voulurent se confesser, d'aucuns jusqu'à deux et trois
fois, de peur d'oublier quelque chose, et s'éteignirent ensuite, en paix, consolés
par la religion.

L'on votait alors à la Chambre une nouvelle réduction de l'Aumônerie maritime et je pensais avec amertume : il faudrait que ceux qui, là-bas, votent ces
choses d'un cœur léger, fussent ici à ma place. Nous verrions s'ils auraient le
courage d'arracher à ces malheureux, qui meurent ainsi pour la patrie, leur
suprême consolation.

déjà trainé l'enfance à l'école sans Dieu, pour étouffer dans leur germe les vocations religieuses.

C'est dans ce but inavouable, et cependant presque avoué, que l'on envoie à la caserne tout le monde, jusqu'au fils de la veuve qu'on avait toujours respecté, le commerçant, l'industriel, l'avocat comme le médecin, l'instituteur et le clerc, l'artiste comme l'ingénieur, le penseur comme le poète, au risque d'étioler ainsi les aptitudes les plus précieuses pour la grandeur du pays ; c'est un crime de lèse-nation !

Nous serons vraiment bien avancés quand nous aurons fait un conscrit d'un Pasteur, un pioupiou d'un Victor Hugo, le tout en haine des séminaristes !

Messieurs, la cause est jugée. Il ne nous reste qu'à poser les vrais principes sur la matière, et à en réclamer l'application dans la mesure du possible.

La base normale d'une armée, c'est l'enrôlement volontaire. Chaque nation, Dieu l'a voulu, produit toujours un certain nombre de tempéraments militaires. La France surtout, où coule toujours le sang des compagnons de Brennus et celui des vieux croisés, la France, toujours éprise des grandes épopées militaires, en produit encore un bon nombre. Nous les connaissons ces jeunes gens impatients de l'école, de l'atelier ou de la charrue, épris du bruit, du mouvement, de la gloire et des aventures, un peu turbulents parfois, mais bons enfants, à tout prendre, dont l'uniforme et la crânerie tirent encore l'œil de nos jeunes filles.

Voilà la base de l'armée ! La discipline leur donne le pli qui leur manquait dans la famille, et leurs qualités natives, l'entrain, le dédain du confortable et le mépris du danger leur restent. Voilà le vrai type militaire ; car, Messieurs, on devient soldat, à peu près comme on devient prêtre, par une vocation spéciale, et ne devrait l'être, en principe, que celui qui en a le goût.

Je sais bien que, par ces temps empestés de matérialisme, on ne trouverait pas, par cette voie, le nombre réputé nécessaire. Que la conscription y supplée ; mais que l'engagé volontaire reste le type du vrai soldat, et serve de modèle aux autres. Celui-là fera tout gaiment, supportera tout sans se plaindre : c'est le métier ; il l'a voulu. — La considération dont ils jouiront maintiendra ces jeunes gens dans le devoir, et en retiendra bon nombre dans l'armée, dont ils feront les meilleurs cadres.

***

Après l'engagé, le réengagé, qui a bien aussi son mérite. Parmi les hommes appelés au service, il y en a toujours un certain nombre disposés à se réengager pour un léger avantage. Ce nombre, soit dit en passant, sera d'autant plus élevé que le service sera à plus long terme, car alors les habitudes sont prises, et il devient plus difficile d'embrasser un nouvel état. Or, l'armée a, selon moi, un intérêt de premier ordre à favoriser ces réengagements, en prenant, bien entendu, les garanties nécessaires ; car, pour utiliser le grand nombre, il faut des cadres très solides.

Ah ! qu'est devenu le vieux sergent ? Ce n'est plus guère qu'une légende, — et réellement, c'est dommage !

Donc, favorisons le réengagement, qui pourra un jour nous le rendre. Mais, je voudrais que les primes et les hautes paies, qui semblent l'appât nécessaire, ne fussent pas insaisissables. Si le réengagé se conduit mal, il viole un contrat tacite : il faut que le conseil de guerre puisse le priver de ces avantages, prix de services qu'il ne rend pas.

***

Un mot sur le remplacement. — La question est controversée, mais elle l'est surtout, selon moi, par ce même esprit de parti qui veut que nous soyons tous soldats ; — pourquoi pas tous ébénistes ? Au point de vue où je me suis placé, j'approuve le remplacement.

Permettez-moi de m'appuyer sur une histoire que mon grand-père, un vétéran de Sambre-et-Meuse, m'a dite quand j'étais tout enfant. Il avait un parent nommé Le Brigand, — qui n'avait de brigand que le nom. C'était un savant modeste, un philologue éminent, qui a laissé des ouvrages estimés. Le Brigand savait trente-deux langues, dont il aimait à chercher pieusement les racines dans le bas-breton, sa langue maternelle. Rien de militaire en revanche : il n'aurait pas tué un moineau. Voilà qu'on l'appelle à l'armée. Voyez-vous ce coup de tonnerre ? Abandonner ses chers bouquins, sa vieille mère qu'il soutenait de son travail, et s'en aller à la guerre ! Le Brigand était atterré, sa vieille mère dans les larmes. — Survient un de leurs amis et voisins, Mâlo Corret, plus connu sous le nom de La Tour d'Auvergne, qui revenait de l'armée : il s'offre comme remplaçant. On accepte en pleurant de joie et de reconnaissance ; et voilà, selon mon grand-père, comment le « premier grenadier de France » est venu reprendre du service au plus grand honneur de nos armes. L'histoire est-elle vraie ? — Je ne sais ; mais à coup sûr, elle pourrait l'être et, selon moi, cela suffit à justifier le remplacement.

Laissons, Messieurs, les détails aux hommes spéciaux, qui les règleront mieux que nous ; mais acclamons, s'il vous plaît, sur la foi de mon grand-père, le principe de ce remplacement qui laisse un savant à la France et donne un héros à l'armée.

.·.

La longueur du temps de service, — encore une question débattue. Pour moi, je le dis nettement, le plus long sera le meilleur. Ce sont les vieilles bandes royales qui, encadrant les soldats de la République, ont gagné les batailles de Valmy, Jemmapes et Fleurus. Il en sera toujours ainsi. Les uns apportant l'entrain, les autres le sang-froid, l'expérience, on aura une armée redoutable. En tout cas, ne descendons pas au-dessous du service de quatre ans ; c'est le minimum indispensable pour instruire les armes spéciales.

.·.

J'ajoute quelques réflexions au sujet des réserves.

Assurer au pays la sécurité sans imposer à la nation de trop douloureux sacrifices, voilà le problème ; il est grave. Abordons-le sans parti pris et en toute simplicité.

Que tout homme en état de porter les armes doive apprendre à s'en servir, qu'il doive, en cas de besoin, contribuer pour sa part à repousser une invasion, personne, je crois, ne le conteste : mais ce minimum d'instruction peut être donné dans le pays

même, sans interrompre les études, sans ruiner la carrière
commencée, sans nuire à la vie de famille, comme le font les
appels à la caserne. Pour cela, il faut encourager toutes les ini-
tiatives locales privées, sociétés de tir, de gymnastique, sous le
contrôle, je le veux bien, de l'autorité militaire, qui délivrerait en
temps voulu un certificat d'aptitude, et n'appellerait à la caserne,
comme sanction de sa surveillance, que dans le cas de mauvais
vouloir ou d'insuffisance notoire.

Cela me paraît suffisant pour les réservistes de seconde ligne,
c'est-à-dire pour tous les hommes qui n'ont pas eu de service à
faire. Quant à ceux qui ont été soldats, je reconnais la nécessité
de les tenir un peu en haleine ; mais les vingt-huit jours et les
treize jours ne pourraient-ils se faire au chef-lieu de canton,
sans s'éloigner du pays, sauf aux époques de grandes manœuvres? Ce que je redoute par dessus tout, c'est la ville de garnison,
si funeste à la moralité de nos jeunes gens des campagnes. S'il
est possible de l'éviter, on aura rendu aux familles le plus
signalé des services.

*
* *

Résumons-nous. Ce que je propose, c'est avant tout de favoriser l'engagement volontaire et aussi le réengagement, surtout
par les moyens moraux, car, Dieu merci, chez nous l'honneur
passe encore avant l'intérêt ; d'autoriser le remplacement en
réglant les conditions ; d'accorder de larges dispenses ; d'allonger
le temps de service et de se donner ainsi une armée de première
ligne aussi solide que possible ;

D'organiser nos réserves surtout au point de vue défensif,
qui, n'alarmant pas nos voisins, ne leur donnant aucun prétexte
pour accroître incessamment leurs forces, finira par mettre un
terme à cet assaut de militarisme ;

De confier le plus possible à l'initiative locale l'instruction des
réserves ;

Enfin, et par dessus tout, de rétablir l'aumônerie militaire et
de faire du moral de nos troupes notre première préoccupation.

Inspirons-nous des exemples de Jeanne d'Arc, cette héroïne
nationale, cette pure incarnation de la France. En dehors du

secours d'en haut, la clef de tous ses succès fut le souci qu'elle eut toujours de la moralité du soldat. Son premier soin fut de chasser du camp les filles de mauvaise vie et d'y faire honorer Dieu. — Faisons comme elle, Messieurs, et Dieu bénira nos armes !

III

Vous ne me pardonneriez pas de quitter cette tribune sans vous dire un mot de la marine, cette affection de toute ma vie dont je porte le deuil récent. Si je ne puis, à mon grand regret, la servir encore par l'épée, que je puisse, Messieurs, la servir par la parole! Contribuer à la faire connaitre, c'est à coup sûr la faire aimer.

Tout le monde en France aime la marine ; mais, permettez-moi de le dire, on l'aime un peu platoniquement : on l'aime d'instinct, sans bien connaitre les vraies conditions de sa vie et les grands services qu'elle nous rend. On aime ses grandes envolées vers les pays inconnus, ses voyages lointains, ses dangers qui flattent l'esprit d'aventure. On aime les visages bronzés et l'air mâle de nos marins ; on aime leur dévouement inné, leur héroïsme qui s'ignore ; on admire la tenue de nos vaisseaux, la prestesse de leurs manœuvres, mais un peu comme un beau spectacle. On apprécie la marine comme un beau luxe, en pensant tout bas qu'elle coûte cher. Thiers, ce bourgeois intelligent, mais aux vues courtes faute de foi, ne se gênait pas pour le dire ; il l'estimait tout au plus comme une annexe de l'armée, la suppléant en cas de besoin. — et il n'est pas le seul dans ce cas

Je ne parle pas pour la Provence, devenue ma terre d'adoption, ni pour la Bretagne, ma terre natale : on y voit la marine de près, et l'on sait mieux ce qu'elle vaut ; mais ailleurs on s'aperçoit vite, aux questions qui vous sont faites, qu'elle ne tient pas, comme en Angleterre, aux entrailles mêmes du pays.

Voyons donc ce qu'elle fait pour lui.

D'abord, elle lui tient la mer libre, et c'est un bien qu'on n'appréciera comme tant d'autres que quand on l'aura perdu. Nous n'avons pas connu, comme nos pères, cette douleur de ne pouvoir mettre le pied sur l'eau sans y risquer sa liberté.

Le grand-père dont je parlais tout à l'heure était revenu de l'armée avec onze blessures et pas la moindre décoration. Il s'était fait armateur et envoyait par mer à Bordeaux les grains qui regorgeaient en Bretagne; ses navires rapportaient du vin. Tous furent pris par les Anglais, et mon grand-père fut ruiné. Il ne fut pas le seul, et, de ce fait, les grains pourrissaient en Bretage tandis qu'on en manquait ailleurs.

Dieu nous préserve de revoir jamais des jours pareils! — Si pendant cette année terrible où nous connûmes tant de malheurs, celui-là nous fut épargné, nous le devons à notre marine (1).

Ne nous y trompons pas, Messieurs; ce n'est pas sans des luttes acharnées que nous garderions désormais cet avantage si précieux de la liberté des mers, car nos voisins, qui en connaissent le prix, se mettent en mesure de nous le disputer. Nous voyez-vous bloqués dans nos ports, séparés de l'Algérie et de toutes nos colonies? — Songeons-y sérieusement, Messieurs, et ne marchandons pas trop les crédits que notre marine réclame pour garder son rang en Europe!

Parlerons-nous des services qu'elle nous rend par delà des mers? — Sans elle, sans nos missionnaires, on oublierait bientôt la France. Avons-nous donc renoncé à jouer un rôle de par le monde?

Je sais bien qu'il nous manque pour cela un élément essentiel, des enfants en surabondance, et que, dans ces conditions, coloniser est un mot à peu près vide de sens; mais cette dépopulation, triste fruit de nos lois et de nos mœurs, disparaîtra peut-être un jour avec les causes qui l'ont produite. L'instinct de la

---

(1) Je commandais alors la place du Havre, et je l'ai constaté de première main : tous nos approvisionnements, lard, biscuits, farines, fourrages, armes et munitions. tout nous arrivait, par mer, de l'Angleterre ou de l'Amérique.

France proteste contre l'abandon tant prôné de la politique expansive ; en dépit de ce que cela nous coûte, nous conservons la Cochinchine, nous acquérons le Tonkin, la Tunisie, Madagascar et nous pleurons notre part de l'Egypte. On a beau supputer nos pertes, montrer notre inhabileté à tirer parti de ces possessions, l'instinct français dit : J'y suis, j'y reste !

La France est comme la vapeur, elle est faite pour se répandre ; et les explosions successives qui l'ont rendue si souvent la terreur de l'Europe proviennent précisément, selon moi, de ce qu'en lui prenant ses colonies, on lui a supprimé du même coup ses soupapes de sûreté. Si jamais, ce qu'à Dieu ne plaise, on parvient définitivement à la concentrer sur elle-même, le jour de sa fin sera proche.

Tâchons donc, Messieurs, de lui rendre, avec sa foi et ses mœurs, sa fécondité et sa vie,— et gardons en attendant, gardons comme deux pierres d'attente, les colonies et la marine.

.*.

Un dernier mot sur la marine marchande, cette sœur de la marine militaire. Et d'abord, qu'il soit permis à un vieil amiral d'exprimer ici le regret que des liens plus intimes n'existent pas entre l'une et l'autre, chacune contribuant pour sa part à la grandeur du pays. Dans mon jeune temps, ce lien existait par les aspirants volontaires, dans les rangs desquels je comptais de vrais amis. Je me rappelle ce capitaine au long cours qui venait faire sa visite : on le retenait à déjeuner, et c'était des retours sans fin sur nos souvenirs de jeunesse. Je regrette cette institution, qui permettait à tant de jeunes gens de suivre leur vocation maritime autrement que comme matelots.

La marine marchande décline et, à mon sens, c'est grand dommage. Soutenons au moins ce qui en reste, et ne marchandons pas les primes qui paraissent indispensables afin de rétablir entre nous et nos concurrents l'équilibre pour les compagnies postales ; on ne le sait pas assez. La subvention n'est d'ailleurs que le paiement d'un service, qu'il faudrait autrement payer aux paquebots étrangers. Sauvons notre marine marchande, qui, sans notre appui, périclite; soutenons cette marine militaire qui, sous la conduite d'un Courbet, nous a valu un regain de gloire, cette marine dont nous aurons besoin demain peut-être pour rester libres sur les mers. Si la France n'est plus, comme autrefois, assez riche pour payer sa gloire, qu'elle soit, du moins, assez prévoyante pour payer sa sécurité !

Les vœux suivants sont adoptés :

VŒUX RELATIFS A L'ARMÉE ET A LA MARINE

L'Assemblée émet le vœu :

En ce qui concerne l'armée :

I. — Que l'aumônerie soit sérieusement établie dans l'armée et largement étendue dans la marine ;

II. — Que l'armée active soit composée de soldats de profession par le moyen de l'engagement volontaire, du réengagement et de la substitution ; que le complément soit fourni par la conscription et que la durée du service soit plus longue ;

III. — Que les réserves soient constituées surtout au point de vue défensif, et les hommes instruits autant que possible dans leurs localités ;

IV. — Que les dépenses édictées par la loi actuelle soient maintenues.

En ce qui concerne la marine :

V. — Que les crédits dont elle a besoin lui soient largement accordés ;

VI. — Que les primes et les subventions nécessaires à la marine marchande lui soient accordées.

Après l'adoption de ces vœux, M. le chanoine Marbot se lève et prononce les paroles suivantes :

Monsieur le Président, je demande la permission d'ajouter un mot à l'intéressant rapport que nous venons d'entendre. — Je crois connaitre trop bien la modestie de M. l'Amiral Rallier, pour ne pas être porté à craindre qu'il s'illusionne sur le sens complet de nos applaudissements. Qu'il soit donc permis à un enfant de la marine de se faire l'interprète de l'Assemblée tout entière, en déclarant que ces applaudissements ne s'adressent pas seulement au rapporteur, à l'éloquent orateur, mais qu'ils visent également la haute personnalité de l'Amiral. *(Applaudissements prolongés.)* Nous savons que M. l'Amiral Rallier du Baty est de ceux dont les étoiles restent lumineuses, même après s'être éclipsées. *(Applaudissements.)* J'ajoute qu'en sa personne nous acclamons la marine tout entière, qui, fidèle à la vieille tradition française, ne veut point séparer l'ancre de la croix. *(Bravos et applaudissements.)*

M. le Secrétaire général donne quelques avis et annonce que, par suite du grand nombre de personnes qui se rendront à l'Assemblée pendant la journée du lendemain dimanche, les troisième et quatrième séances seront tenues dans la salle de l'Eden-Théâtre.

La séance est levée à 11 heures du soir.

ASSEMBLÉE PROVINCIALE

DE PROVENCE

Tenue à Aix les Samedi 11 et Dimanche 12 Mai 1889

À L'OCCASION DU

CENTENAIRE DE 1789

DEUXIÈME JOURNÉE

ASSEMBLÉE PROVINCIALE

DE PROVENCE

Tenue à Aix, les Samedi 11 et Dimanche 12 Mai 1889

A L'OCCASION DU CENTENAIRE DE 1789

DEUXIÈME JOURNÉE

MESSE SOLENNELLE

A journée du 12 mai étant un dimanche, les membres de l'Assemblée se rendirent ensemble à une messe solennelle qui fut célébrée, comme le service commémoratif, dans l'église métropolitaine de Saint-Sauveur.

La vieille basilique présentait un aspect imposant ; ses nefs étaient envahies par une foule considérable, composée de représentants de toutes les classes.

Le chœur était rempli par les membres de l'Assemblée, à la tête desquels des fauteuils avaient été réservés aux membres du bureau, ainsi qu'aux présidents et rapporteurs des groupes.

Le Chapitre de Saint-Sauveur était présent.

A 9 heures précises, Monseigneur l'Archevêque d'Aix fait son entrée et célèbre une messe basse, au cours de laquelle des chants sont exécutés par la Maîtrise.

Puis Sa Grandeur monte en chaire et prononce, au milieu d'un recueillement solennel, le discours publié en tête du compte-rendu de l'Assemblée.

La cérémonie est terminée à 10 heures et demie.

TROISIÈME SÉANCE GÉNÉRALE

A séance est ouverte à 11 heures du matin, dans la salle de l'Eden-Théâtre.

M. le colonel de L'Eglise occupe le fauteuil de la présidence, entouré des membres du bureau. Cinq cents personnes sont présentes.

L'ordre du jour appelle les rapports et les vœux de la Grande-Industrie et des Arts-et-Métiers.

M. le Président expose qu'aucun représentant de la Grande Industrie ne s'étant rendu à l'Assemblée, on n'a pu faire choix d'un rapporteur et que, sur l'avis conforme du groupe des Arts-et-Métiers, on va présenter à la réunion les vœux adoptés par les Industriels pendant l'enquête préparatoire.

En conséquence, M. le Secrétaire général donne lecture des vœux suivants, qui sont adoptés :

VŒUX RELATIFS A LA GRANDE INDUSTRIE

L'Assemblée émet le vœu :

I. — Qu'il soit tenu compte, dans l'intérêt des ouvriers et des patrons, des vœux formés relativement à la religion, à la famille, aux mœurs et aux intérêts publics ;

II. — Que les pouvoirs publics se préoccupent :

A. De parer aux excès de la production par une législation internationale réglementant le travail :

B. D'empêcher la falsification des produits, si préjudiciable à la bonne renommée de notre fabrication française et à l'hygiène publique ;

C. De condamner la spéculation à terme, dont les effets sont ruineux pour les producteurs et les consommateurs :

D. D'accorder aux syndicats mixtes de patrons et ouvriers la personnalité civile avec le droit d'acquérir et de posséder ; d'encourager les syndicats régionaux d'usines ayant pour objet de faire cesser l'antagonisme social et de régler la production et la concurrence, et en même temps d'interdire les syndicats ayant pour but la coalition et l'accaparement ;

III. — Qu'ils adoptent un régime économique constant et qui accorde une juste protection à l'agriculture, dont le sort est étroitement lié à celui de l'industrie ;

Qu'il ne soit plus conclu de traité de commerce ou tout au moins, dans le cas où des raisons d'ordre politique l'exigeraient, qu'il n'y soit plus introduit la clause de la nation la plus favorisée ;

IV. — Que les industriels, devançant les réformes législatives, s'efforcent d'établir dans le personnel de leurs usines et manufactures une organisation chrétienne ;

V. — Qu'il soit mis un terme à la folle politique financière qui se traduit par une aggravation d'impôts et un excès de dépenses inutiles dont souffrent toutes les branches de la production ;

VI. — Que l'Etat et les administrations publiques réservent à notre industrie toutes les commandes et travaux qui peuvent être exécutés par nos nationaux ;

VII. — Que les chambres de commerce, s'affranchissant de l'influence des politiciens, étendent les services qu'elles rendent au point de vue des transactions, aux questions d'ordre moral qui leur seront intimément liées, et qu'elles deviennent de véritables corps organiques libres, où les intérêts de l'industrie soient aussi bien représentés que ceux du commerce et servent de base à la représentation de leurs intérêts communs dans les pouvoirs publics;

VIII. — Et, en attendant la réalisation de ce vœu, que les industriels se groupent et forment entre eux une véritable association permanente ayant ses réunions périodiques, se proposant pour fin l'étude, au point de vue chrétien, des réformes nécessaires, ainsi que leur application en Provence.

M. le Président donne la parole à **M. T. Sabatier**, fondeur, président du Conseil des Prud'hommes d'Aix, pour la lecture du rapport sur les Arts-et-Métiers.

RAPPORT DE M. TOUSSAINT SABATIER

MESSIEURS,

Le groupe des Arts-et-Métiers m'a fait l'honneur d'adopter comme rapport les quelques réflexions que j'avais présentées à l'enquête préparatoire de cette assemblée.

Comme vous le savez, le questionnaire appelait l'attention sur deux catégories de points, relatifs les uns aux intérêts généraux du travail, les autres à l'organisation particulière des arts-et-métiers.

J'avoue ma complète ignorance en ce qui concerne les questions d'ordre général ; ce sont là des études pour la solution desquelles il faudrait être versé dans l'économie politique, et je laisse à d'autres, plus savants que moi, le soin de formuler des vœux et de les soumettre à votre approbation.

Dans les questions d'ordre spécial, j'ai essayé de vous présenter le résultat de mes recherches personnelles, observations s'appuyant sur une pratique d'un demi-siècle, pendant lequel j'ai moi-même occupé de nombreux ouvriers, et sur un contact permanent, pendant le même espace de temps, avec beaucoup de patrons et d'ouvriers occupés chez eux.

C'est ainsi, Messieurs, que je vais vous donner connaissance de mes réponses ; j'espère qu'elles contribueront à déterminer votre conviction sur les vœux présentés par le groupe des Arts-et-Métiers.

I

L'enseignement professionnel est insuffisant ; plusieurs causes y contribuent et je vais en énumérer quelques-unes.

Il y a un siècle et à l'époque des corporations, un apprenti n'était agréé par un patron que tout autant que ses parents intervenaient auprès de ce dernier. Le temps du travail, la durée de l'apprentissage étaient réglés par un contrat dressé par-devant le prud'homme juré, et bien souvent les parents devaient indemniser le patron par une somme d'argent qu'ils comptaient et qui était acquise au patron au bout de quelques mois, si l'apprenti ou ses parents résiliaient le contrat.

Aujourd'hui, il n'en est plus ainsi. Les jeunes gens qui désirent embrasser la carrière industrielle se présentent la plupart du temps chez un patron sans l'assistance de leurs parents ; et, loin de débattre des conditions d'apprentissage, ils demandent à gagner un salaire en commençant de travailler.

Si l'offre est acceptée, le jeune apprenti, ainsi rémunéré, devient, *ipso facto*, un petit manœuvre dont le patron cherche à tirer profit. Celui-ci n'a pas intérêt à le pousser, à l'initier aux travaux délicats de la maison, car, dès que l'apprenti saura où trouver quelques sous à gagner par jour en plus, il quittera l'atelier sans même prévenir le patron, et ce dernier qui, pour la facilité de son travail, a besoin d'un jeune manœuvre, en sera quitte pour en prendre un autre. Et c'est ce qui explique la faiblesse et le peu d'habileté des jeunes ouvriers qui, la plupart du temps, ne sont pas encore en état de travailler au moment du tirage au sort.

Avant 1789, le nombre des apprentis, dans chaque corporation et par chaque ville, était limité, proportionné aux besoins de chaque corps de métier, et cette manière de procéder évitait l'encombrement des bras ; car on ne faisait pas plus d'ouvriers que les besoins de la cité n'en demandaient. et, par suite de cette sage réglementation, le chômage des ouvriers était une calamité presque inconnue.

Aujourd'hui il n'en est plus ainsi, et le mode de production a été complètement bouleversé. L'introduction de la vapeur comme force motrice, l'établissement de grands ateliers dans les centres industriels, la division du travail répartie quelquefois entre huit ou dix ouvriers spéciaux, la tendance de certains industriels à s'approvisionner aux usines en cessant de fabriquer eux-mêmes, la liberté illimitée laissée à des négociants en gros de revendre toute sorte de marchandises, quelles qu'en soient la provenance et la qualité, l'initiation de jeunes gens à l'industrie au delà des besoins réels de la cité, toutes ces causes ont amené une perturbation profonde dans la production et on peut prédire, sans crainte d'être prophète de malheur, que si les choses continuent sur ce pied, plusieurs corps d'état seront, dans le XX⁰ siècle, passés à l'état de légende ; tels seront les orfèvres, corporation qui, avant 1789, comptait à Aix douze patrons et trente ouvriers sachant fondre, marteler, emboutir un morceau d'argent qu'ils avaient eux-mêmes fondu et qu'ils transformaient en vaisselle ou en parure de femme (1). Hélas ! il n'en est plus ainsi, et si un cataclysme se produisait, la province, en dehors de Paris et de Lyon, ne pourrait plus se suffire et pourvoir à ses besoins quotidiens.

Nous en avons déjà eu un échantillon avant-coureur pendant le siège de Paris en 1870.

(1) La Vierge en argent bosselé donnée par le Parlement au Chapitre de Saint-Sauveur, à l'occasion des troubles du Semestre, en 1649, avait été faite à Aix par les ouvriers de la corporation ; il en était de même du reliquaire de Saint-Mitre et de celui que l'on montrait dans la cathédrale de Gap.

II

Autrefois, l'ascension professionnelle était réglée par les usages des corporations, et nul ne pouvait acheter une maîtrise s'il ne justifiait d'un contrat d'apprentissage, d'un noviciat plus ou moins long chez un patron de la Communauté et, enfin, de la fabrication d'un chef-d'œuvre, travail soumis au jugement des membres de la Communauté, qui se prononçaient sur l'aptitude du postulant. Cette graduation de capacité se trouvait dans l'organisation ouvrière. Dans les ateliers un peu importants, on distinguait l'apprenti de l'aspirant et du compagnon ; le désir de passer compagnon stimulait vivement l'aspirant qui s'appliquait à faire bien ; le compagnon de l'atelier l'aidait de ses conseils et faisait bénéficier de son expérience consommée.

Les membres des classes nobles ne dédaignaient point le travail des artisans et se faisaient un honneur d'avoir dans leurs hôtels, dans leurs châteaux, un atelier où ils allaient passer quelques heures tous les jours ; souvent un maître menuisier, serrurier était appelé à les initier à leurs travaux, et plus d'un de ces messieurs devinrent de véritables artistes. Qui de vous, Messieurs, ignore que le malheureux roi Louis XVI était devenu un habile serrurier et qu'il voulut, après avoir produit son chef-d'œuvre, être reçu compagnon serrurier ? L'émulation chez les patrons et chez les ouvriers qu'ils faisaient travailler peut seule expliquer ces beaux travaux de serrurerie, de menuiserie, de coupes de pierres, auxquels on se heurtait à chaque pas dans notre ville et dont il reste encore de nombreux spécimens en appuis de rampes et en balcons, en sculptures de portes d'entrée et de stalles dans les églises.

La décadence dans ces industries est si accentuée que si, sous la Restauration, alors qu'il y avait encore des ouvriers ayant fait leur apprentissage sous les anciens maîtres, on trouvait encore, à Aix, des maîtres ès art, en serrurerie par exemple, capables de bosseler un morceau de tôle et de le transformer en

une feuille de plante, aujourd'hui il n'y a plus d'ouvrier en état
de le faire.

La grille de clôture de la Métropole, construite en 1860, en
est un exemple frappant; l'ornementation est en fer fondu; elle
est d'un style lourd, et combien était plus belle et préférable celle
qu'elle a remplacée et qui existait en 1789.

Somme toute, on fait beaucoup plus vite aujourd'hui; mais on
produit beaucoup moins bien qu'autrefois, et il serait bien difficile à un connaisseur de pouvoir déterminer, tant il y a unifor-
mité dans la fabrication, quelle est la région qui aurait produit
le travail qu'on lui soumettrait.

III

La désorganisation professionnelle, qui était inconnue avant
la Révolution, est un mal profond dont les causes ne sont point
difficiles à signaler.

Quand les corps de métiers existaient, ayant à leur tête un
syndic, les confrères se voyaient entre eux pour les besoins de
la corporation; ils se réunissaient, patrons et ouvriers, une fois
par an, le jour du saint sous le patronage duquel ils s'étaient
placés. De ces frottements naissaient des liens de sympathie
entre les patrons eux-mêmes et les ouvriers qui travaillaient
chez eux. Dans ces réunions on causait travail. Un confrère
aurait cru faire une mauvaise action en allant offrir à un client
le travail à vil prix; d'ailleurs, le syndic ne l'eût point souffert.
Par la force des choses, il y avait équilibre entre la production
et la consommation; patrons et ouvriers étaient assurés d'avoir
leur part du travail local. La subordination, cette dépendance
hiérarchique gênaient assurément l'ouvrier, mais, grâce au lien
établi par la communauté, il n'avait pas à craindre l'isolement,
et il y trouvait une garantie de travail et de ressources suffisantes à ses besoins.

Aujourd'hui, plus de règle; tout individu peut s'établir patron,
tout manœuvre peut se dire ouvrier; il ne s'agit que d'avoir le
capital nécessaire pour se mettre à l'œuvre. Aussi arrive-t-il

que beaucoup de patrons n'ont rien, je ne dirai pas à faire, mais à faire faire ; les ouvriers que l'on embauche seulement pour une poussée ne sont jamais sûrs d'avoir du travail pour le lendemain, et c'est de la sorte qu'on peut expliquer l'antagonisme qui divise ces deux classes laborieuses, dont les intérêts sont connexes. Mais les ouvriers souffrent davantage que les patrons, car ils sont souvent sans ressources et sans crédit.

Un tel état de choses ne saurait durer davantage sans qu'il amène une grande perturbation dans le monde industriel.

IV

Les tribunaux des prud'hommes ne fonctionnent qu'au profit de certaines catégories de corps d'état : et il y a là une choquante inégalité entre les uns et les autres.

L'expérience a démontré qu'au lieu de faire des désignations, une seule disposition de la loi, ainsi conçue, simplifierait singulièrement la législation et leur compétence : « Quiconque travaille, à l'heure, à la journée, au mois, à l'année, pour un entrepreneur ou un patron, est justiciable du conseil des prud'hommes. »

Aujourd'hui les conseils de prud'hommes sont souvent fort embarrassés pour définir leur compétence, car il n'y a plus, par suite de l'abolition des livrets, d'*état civil industriel* pour les ouvriers, et la qualification qu'ils prennent devant les prud'hommes est souvent fantaisiste ; il en est de même pour les patrons qui, sous le titre d'entrepreneurs, embrassent souvent plusieurs corps d'état. Autrefois les choses allaient autrement ; chaque ouvrier avait sa qualité propre et il en était de même des patrons.

Les conseils de prud'hommes rendent de réels services à la classe industrielle ; leur justice est expéditive, prompte et peu coûteuse, et il serait à désirer que tous les centres industriels en fussent dotés. Ils ne sont pas une charge pour l'État, car les fonctions des prud'hommes sont purement honorifiques. Dans beaucoup d'affaires, ils arrivent à la conciliation des deux parties.

V

A la question de savoir si la loi doit intervenir pour protéger
le travail des femmes et des enfants, ma réponse sera courte,
concise et radicale. La loi ne doit point permettre à la femme, à
la jeune fille, de quitter le domicile conjugal et paternel, pour
aller travailler dans les usines, alors même que leur travail se
fait dans des pièces qui les isolent des ouvriers; et en voici les
motifs au point de vue moral.

D'une façon générale, les femmes sont admises à travailler
dans les usines dès qu'elles sont jeunes filles et elles en sortent
alors qu'elles sont mères de famille, avec plusieurs enfants,
lorsque les soins de la maternité les obligent à demeurer chez
elles. On peut affirmer ainsi que la plupart des femmes
employées dans les usines de notre région sont attachées à l'usine
dès quinze ou dix-huit ans jusqu'à l'âge de trente à trente-cinq
ans. C'est l'âge de la vie où les passions sont les plus vivaces, les
dangers de chute le plus à craindre; et alors même que le travail
n'est pas fait en commun avec les ouvriers, qu'une surveillance
sévère et paternelle en même temps est exercée par le directeur
de l'usine, combien sont nombreuses les occasions de contact
entre les ouvriers des deux sexes ! L'ouverture des ateliers a lieu
aux mêmes heures; il en est de même pour la clôture; ajoutez à
cela que les usines sont généralement installées en dehors des
centres d'habitation. Combien, dans ces conditions, sont nombreuses les chutes de jeunes filles; il faut plus les plaindre que
les blâmer, étant données les circonstances à la suite desquelles
elles succombent. Ces contacts permanents amènent toujours
des familiarités et une liberté de langage qui déflorent les sentiments de pudeur inhérents à la jeune fille et qui la prédispo-
sent à s'oublier.

Au point de vue purement industriel, l'admission de la femme
dans les usines n'est pas moins déplorable, car, si on lui réserve,
dans l'atelier, toute la part de travail auquel elle est apte et

qu'elle peut produire avec ses propres forces, les ouvriers seront, en grand nombre, remplacés par les femmes. Il en résultera un chômage forcé pour eux, et le taux des salaires sera sensiblement amoindri, étant donné que la femme gagne moins que l'ouvrier, alors même qu'elle produit la même somme de travail.

C'est ce qu'a constaté, avec beaucoup de raison, le Congrès des ouvriers chapeliers de toute la France réuni, en août 1887, à Lyon. Le fait suivant y fut rapporté : Il y avait au Bourg-de-Péage trois fabriques de chapeaux occupant ensemble deux cents ouvriers. Deux fabricants, désirant abaisser le prix de revient des chapeaux, invitèrent les femmes du pays à venir travailler dans les usines ; une quinzaine de jours suffit pour les initier à ce travail, qui ne dépassait pas leurs forces. A ce moment, les deux fabricants renvoyèrent un nombre égal d'ouvriers ; ils gagnaient à cette substitution soixante pour cent sur le prix des façons. Ce qu'il y a de triste dans cet épisode, c'est que plusieurs d'entre ces ouvriers, qui avaient de la peine à vivre avec leurs salaires, avaient eux-mêmes engagé leurs épouses à aller travailler aux fabriques : un mois après, au lieu de toucher une augmentation de douze à quinze francs en sus de vingt à vingt-cinq francs qu'ils recevaient, ayant été remerciés et remplacés par leurs femmes, ils en étaient réduits au salaire de celles-ci. Tels étaient les résultats acquis par l'introduction des femmes dans les usines de ce centre industriel.

Voici les conclusions prises par le Congrès, si remarquable par sa bonne tenue, sa modération et son esprit de fraternité :

« En ce qui concerne le travail des femmes, rendez la femme à
« son vrai travail, c'est-à-dire les travaux de son ménage, de
« couture, et laissez au mari sa fabrication libre ; car, dans ces
« conditions, au lieu de venir en aide à son mari, à son père, à
« son frère, elle les ruine ; les rôles sont renversés, et la somme
« de salaires qui fait vivre la famille est réduite de moitié. »

A un autre point de vue, le chômage forcé du mari remplacé par le travail des femmes, amène des habitudes d'oisiveté, de

fréquentation des cafés ; les soins manquent aux enfants délaissés
tour à tour par le père et la mère elle-même.

J'espère que ces considérations auront frappé votre esprit et
que vous voudrez bien vous associer à moi pour émettre le vœu
que la femme reste dans son intérieur et qu'elle ne cause point,
par son concours, la ruine des ouvriers et souvent de sa famille.

VI

Permettez-moi, Messieurs, de proposer un dernier vœu, au
nom d'un groupe d'industriels aixois.

C'est que, lorsqu'on établit les tarifs de droits d'octroi dans les
villes, tout en assurant les services publics par la rentrée des
sommes nécessaires pour équilibrer les budgets municipaux, on
renverse les rôles ; et qu'au lieu de frapper les matières premières
qui doivent être mises en œuvre par les chefs d'industrie patentés
de la ville, on frappe au contraire les marchandises ouvrées qui
proviennent des usines de l'intérieur, de telle sorte que l'on
assure aux ouvriers des villes la main-d'œuvre des objets nécessaires à la cité.

Aujourd'hui, il en est tout autrement, et pour bien me faire
comprendre, je citerai un exemple pris dans le tarif d'Aix. Qu'un
menuisier-ébéniste, qu'un marbrier fasse entrer en ville des bois
et des marbres bruts, il aura eu à supporter les droits d'octroi,
et le prix de revient de ces meubles sera grevé de ce surcroît de
prix de revient, tandis qu'à côté de lui un négociant recevra les
mêmes meubles ouvrés, entrera ses marchandises franches de
droit d'octroi et pourra ainsi faire une concurrence désastreuse
aux patentés et ouvriers de la ville.

Cet état ne choses a déjà porté ses fruits ; plusieurs pères de
famille ont été remerciés par leurs patrons, qui, à leur tour,
renonçant à fabriquer et se transformant de producteurs en
marchands, font aussi venir de fabrique ce qu'ils pouvaient très
bien faire dans leurs ateliers. Dans l'intérêt des ouvriers de la
ville, il y a là une mesure à solliciter.

A la suite du rapport de M. Sabatier, les vœux suivants sont adoptés :

VŒUX RELATIFS AUX ARTS-ET-MÉTIERS

L'Assemblée émet le vœu :

I. — Que les pouvoirs publics établissent des tarifs douaniers qui empêchent l'avilissement des produits français et sauvegardent ainsi les intérêts des patrons et des ouvriers ;

II. — Qu'une surveillance rigoureuse arrête la falsification des produits, qui n'est pas moins préjudiciable au producteur qu'au consommateur ;

III. — Que le législateur se préoccupe des mesures les plus efficaces et les plus conformes à la justice :
Pour protéger le travail des femmes et des enfants ;
Pour assurer la salubrité physique et morale dans les ateliers ;
Pour prescrire le repos du dimanche, à l'imitation des Etats-Unis et de l'Angleterre ;

IV. — Que la loi accorde aux syndicats professionnels mixtes, avec la personnalité civile complète, le moyen de constituer des corps autonomes, ayant un patrimoine commun et possédant sur leurs membres un droit de règlementation, de police et de justice en toutes les questions se rattachant à la profession ;

V. — Que les syndicats mixtes organisent librement l'apprentissage et facilitent l'ascension professionnelle, qui est devenue impossible ;

VI. — Que ces mêmes syndicats mixtes, prenant le véritable caractère de corporations, soient la base d'une organisation sociale assurant le respect des droits, la satisfaction des intérêts et leur représentation dans les pouvoirs publics ; qu'en attendant cette organisation, les patrons et les ouvriers des arts-et-métiers trouvent dans la création d'une chambre spéciale le moyen d'assurer l'exercice de leurs droits et le respect des intérêts de leurs professions ;

VII. — Que les tarifs d'octroi dans les villes soient modifiés dans un sens favorable aux intérêts des industries locales, de sorte que les produits ouvrés soient frappés des droits qui affectent aujourd'hui la matière brute, laquelle devra plutôt être déchargée.

La séance est levée à 11 heures trois quarts.

QUATRIÈME SÉANCE GÉNÉRALE

A séance est ouverte à 2 heures 1 2, sous la présidence de M. le colonel de L'Eglise, dans la salle de l'Eden-Théâtre.

Mille personnes sont présentes.

M. le Président donne la parole à M. le Secrétaire général pour lire le rapport de M. Henry Bergasse, armateur, ancien membre de la Chambre de commerce de Marseille, sur le Grand Commerce. Ce mémoire, dont l'auteur n'a pu se rendre à Aix, a été, pendant l'enquête préparatoire, l'objet de nombreuses adhésions à Marseille et en Provence : il a été adopté par les membres du groupe présents à l'Assemblée.

M. le Secrétaire général lit le rapport suivant :

RAPPORT DE M. HENRY BERGASSE

MESSIEURS,

Le but des économistes chrétiens qui ont été appelés à formuler les vœux et doléances du commerce français, à l'occasion du centenaire de 1789, doit être de rechercher et d'exposer l'influence que les idées et les principes de la Révolution ont exercée, depuis un siècle, sur les commerçants et les industriels français, ainsi que sur la législation commerciale.

I

Une rapide étude rétrospective nous amènera à constater que de 1789 à 1815 le commerce français a été comme paralysé et anéanti.

La terreur sous la Révolution, le désordre sous le Directoire, l'épuisement de la France par les guerres de l'Empire avaient presque tari la source de la vie commerciale du pays. Mais à peine le gouvernement réparateur de la Restauration est-il établi, qu'un élan sans précédent se produit. Nos ports, vides et déserts, se réveillent et s'animent, nos armateurs réarment leurs navires désarmés, tous les chantiers de constructions travaillent, les colonies reprennent leurs relations avec la mère patrie, et ainsi s'inaugure une ère de prospérité qui semblait perdue sans retour.

Cette époque mérite de fixer l'attention, parce que c'est celle où le commerce français se distingue autant par l'intelligente activité de nos négociants et de nos armateurs, que par la fidélité avec laquelle ils conservent toutes les traditions d'honneur et de probité des hommes d'autrefois.

La Révolution de 1830 éclate : deux courants se manifestent dans le monde commercial. Les vieilles maisons, hostiles au mouvement révolutionnaire, s'éloignent de la politique et reportent toute leur activité sur leurs opérations commerciales et leurs relations avec l'étranger ; elles forment une véritable aristocratie qui portera bien loin la bonne renommée du négociant français.

A côté d'elles s'élève la jeune génération, enthousiaste de la Révolution et trop pressée, par soif de popularité, de faire dans le commerce, aux ambitieux de la démocratie, la place que la Révolution leur avait faite dans la politique. L'élément avancé commence à réclamer sa place dans nos assemblées consulaires. Cependant, à mesure que le gouvernement de Juillet s'asseoit et qu'il rompt peu à peu avec l'esprit révolutionnaire, les deux courants commerciaux se fondent dans l'activité et la prospérité du pays.

L'application de la vapeur ouvre des horizons illimités à l'esprit d'entreprise. Savants, ingénieurs, armateurs et commerçants rivalisent d'initiative et de hardiesse ; la fortune publique s'accroît rapidement ; les hommes qui la représentent, les membres de nos Chambres de commerce et les juges consulaires, sont encore les plus dignes et les plus hauts placés parmi les notables commerçants. La démocratie ne cherche pas encore à s'imposer à ces assemblées, qui représentent vraiment l'élite du monde commercial.

Mais l'arbre a porté ses fruits et le gouvernement issu de la Révolution de 1830 sombre à son tour dans la Révolution de 1848. Pendant quatre ans le pays, livré à toutes les agitations, voit son repos et sa prospérité frappés au cœur : affolé d'inquiétudes et de craintes, il cherche un nom et se jette dans les bras d'un sauveur servi par sa légende.

Le second Empire va chercher un dérivatif aux passions populaires dans la satisfaction des intérêts matériels. Il réussira d'abord dans sa politique économique dirigée par des hommes de valeur.

La fortune publique et privée augmente si rapidement, que les villes, comme les particuliers, ne songent qu'à construire et à s'embellir. — Paris est transformé ; la province ne rêve que d'imiter la capitale. Le réseau des chemins de fer s'étend de Paris sur toute la France ; les ports sont agrandis et outillés : l'esprit d'association se développe et favorise la création des grandes compagnies maritimes, industrielles et financières : la prospérité matérielle de la France est à son apogée ; — mais, avec elle, l'esprit et le goût de la spéculation se développent dans des proportions inconnues jusqu'ici et qui vont exercer sur le caractère français une influence néfaste.

II

C'est ici qu'il faut émettre l'opinion de notre groupe sur les
diverses questions agitées dans ses réunions.

I. — De la spéculation. — L'influence de la spéculation a été
mauvaise parce que trop souvent elle a franchi toutes les limites
raisonnables ; elle a démoralisé le commerce en transformant
les affaires en affaires de jeu. Mais il faut bien reconnaître que
la fièvre de la spéculation a été engendrée et favorisée par l'esprit
révolutionnaire, qui, en minant les croyances et les pratiques
religieuses, a surexcité les appétits matériels et fait naître un
besoin de jouissances, que le travail honnête et opiniâtre ne
peut jamais satisfaire que dans une mesure lente et limitée.
S'enrichir, s'enricher à tout prix, s'enrichir vite, telle est devenue
l'aspiration de nos générations tourmentées du besoin de jouir.

Les crises qui reviennent périodiquement, et qui causent tant
de ruines, n'ont la plupart du temps pas d'autre cause que les
abus et les folies de la spéculation.

La fièvre de la spéculation a encore pour effet de développer les
tendances de la génération actuelle à la mollesse et à la paresse.
Autrefois, grâce, il est vrai, à l'influence de nos lois successorales d'avant la Révolution, les jeunes gens qui rêvaient de faire
fortune savaient qu'ils n'avaient à l'attendre que de leur courage
et de leur énergie. Ils émigraient, allaient au delà des mers et
fondaient ces établissements prospères, quelquefois grandioses
qui, dans l'Inde, dans la Louisiane, au Canada et dans nos colonies, ont contribué dans une si grande mesure à la fortune de
la mère patrie et porté si haut le renom des créoles français.

Aujourd'hui, la jeunesse efféminée ne veut plus entendre parler
d'efforts ni de périls ; elle ne songe qu'à s'amuser et à jouir. Elle
ne peut attendre la fortune d'un travail auquel elle ne veut pas
se plier, et, d'un autre côté, la fortune paternelle, soumise à la
division du partage égal, ne laisse à chacun des enfants qu'une

situation très inférieure à celle de leurs parents. Comment alors concilier le besoin de briller et la soif ardente de l'or, avec l'impuissance pour l'acquérir? Il n'y aura qu'une ressource : jouer à la bourse ou se lancer dans les spéculations sur marchandises favorisées par de savantes organisations.

Les parquets des agents de change attiraient déjà ceux qui veulent jouir sans travailler : mais les marchés à terme pour les marchandises et les caisses de liquidationont transformé nos principales villes de commerce en maisons de jeu, où sombrent trop souvent le crédit et l'honneur des maisons qui se laissent séduire par l'appât de bénéfices réalisés sans travail.

Tel est aujourd'hui le rôle lamentable de la spéculation.

On pourrait dire à ce sujet que le commerce ne trouve aujourd'hui que trop de facilités dans les crédits documentaires et les avances par warrants et nantissements, qui permettent à des maisons sans capital de faire une concurrence ruineuse à celles qui travaillent avec leurs propres capitaux et qui n'ont point la hardiesse et la témérité des autres.

II. — De l'influence de nos lois successorales. — Nous résumerons notre opinion dans cette affirmation de Le Play : « Notre loi de partage forcé oppose un obstacle absolu à la fondation de puissantes maisons de commerce qui sont, plus que jamais, un des éléments essentiels de la prospérité d'une nation. »

Nous demandons donc la liberté de tester, afin que les chefs de nos grandes familles commerciales puissent transmettre l'héritage de leur commerce et de leur industrie à ceux de leurs enfants qu'ils savent les plus capables de continuer leur œuvre, et afin d'empêcher la destruction de l'édifice élevé par leur labeur, par la vente et le partage forcé, — sauf à réserver de légitimes compensations aux autres enfants.

III. — Les charges d'impôts. — Les Français, écrasés par une dette de trente-quatre milliards, supportent, par tête d'habitant, une charge presque double de celle que supportent les Anglais, et triple de celle qui pèse sur les Allemands et les autres nations.

Tout commerce et toute industrie en France sont, de ce fait, grevés de charges dont il faut absolument tenir compte dans la grave question des traités de commerce.

IV. — Les traités de commerce. — L'expérience du passé et l'impossibilité démontrée d'obtenir pour la France, dans de telles négociations, une réelle et sincère réciprocité, doivent nous faire repousser le renouvellement des traités arrivant à échéance en 1892. Cette réserve s'impose d'autant plus que le traité de Francfort nous met à la merci de l'Allemagne, qui jouit de toutes les concessions que nous avons faites *ou pourrions jamais faire* aux autres nations, et ne nous offre en retour qu'une réciprocité absolument illusoire.

V. — Libre-échange et protection. — Notre groupe demande que la France ne soit pas rivée à la politique des théories abstraites et absolues, et que, dans la fixation des tarifs de douane, il soit tenu compte des faits économiques qui, depuis 1860, ont si complètement changé la situation de la France, et des compensations qui nous sont indispensables pour contrebalancer les avantages contre lesquels nous avons à lutter. Réservons au moins pour nos commerçants et nos industriels le grand marché de la France ! Ne faisons pas de sentiment, en nous montrant libéraux et généreux envers les autres nations, qui n'ont d'autre préoccupation que celle de se suffire à elles-mêmes et d'éloigner nos produits.

VI. — Marine marchande. — Il n'y a pas de question d'un plus grand intérêt pour les nations qui veulent étendre leur influence dans le monde et assurer des débouchés à leur commerce et à leur industrie.

La France ne pourra conserver le deuxième rang parmi les puissances navales que si le recrutement de sa flotte est assuré par un personnel de marins tels que la marine marchande peut seule les former et les entretenir. On est ainsi conduit à proclamer la nécessité de subventionner et de protéger cette marine marchande, dans la mesure qui aura été reconnue nécessaire pour lui permettre de lutter contre la concurrence étrangère.

L'expérience des dix dernières années a démontré que l'écrasante supériorité de l'Angleterre aurait rapidement fait disparaître la marine marchande française, si, à défaut des surtaxes de pavillon abolies par le régime inauguré en 1860 et qu'on n'a pu d'ailleurs rétablir à cause des traités de commerce, on n'avait substitué les primes à la construction et à l'armement, et maintenu des subventions suffisantes à nos deux grandes compagnies postales : les Messageries Maritimes et la Compagnie Transatlantique.

Grâce à la loi du 29 janvier 1881, notre marine marchande a pu maintenir son rang parmi les puissances maritimes, et nos compagnies de navigation libres ont pu lutter et se développer à côté de nos grandes compagnies subventionnées, dont les services admirablement organisés peuvent défier toute comparaison avec ceux des puissantes compagnies anglaises et allemandes.

Grâce encore à cette loi, la France a vu ses chantiers de construction du Havre, de la Loire, de Bordeaux, de La Ciotat et de La Seyne prendre les plus magnifiques développements et produire des navires de guerre et de commerce dont la valeur et la puissance ont consacré la supériorité de nos ingénieurs et de nos chantiers.

La France n'a donc jamais fait de sacrifices plus utiles pour le pays que ceux qu'elle s'impose chaque année par les primes à la construction et à l'armement, et nous ne saurions trop insister, au nom des armateurs de Provence, pour que la loi de 1881 soit prorogée, après l'expiration du terme qui lui a été assigné pour une première expérience.

Un pays qui a dépensé ou voté neuf cents millions pour des constructions scolaires d'une nécessité absolument contestée et qui trouve dans son budget une rente de plus de dix millions pour des pensions aux insurgés de 1848 et de 1870, osera-t-il marchander à nos marins, véritable élite de la nation, les subventions indispensables pour leur permettre la lutte contre les marines rivales ?

La carrière de la mer, qui met l'homme toujours en face du péril et des épreuves, trempe les courages et élève les âmes : il n'y en a pas qui ait plus de droit à la protection et aux sacrifices de la nation.

VII. — L'unité de l'Italie et de l'Allemagne. — Ces deux faits, et surtout l'unité de l'Italie, ont porté à la prospérité de notre pays un très grand coup. Autrefois nous étions et Marseille particulièrement était le grand marché où les diverses principautés de l'Italie venaient s'approvisionner de presque toutes les matières premières ou produits fabriqués nécessaires à leur consommation. Aujourd'hui ce pays ne veut plus dépendre de personne. Il a créé de nombreuses industries, qui cherchent naturellement à rivaliser avec les nôtres. Nous avons perdu la plus grande partie de nos débouchés en Italie. Nous devons protester contre cette politique néfaste qui nous a entourés d'un cercle de fer et qui a porté à notre commerce une si rude atteinte.

VIII. — La démonétisation de l'argent. — Cette question, à peine soupçonnée par les esprits superficiels, soulève les problèmes les plus compliqués et les opinions les plus divergentes.

L'Angleterre et l'Allemagne en la décrétant, et la France et les puissances de l'Union Latine en l'adoptant partiellement en 1873 par l'engagement de suspendre la frappe de l'argent, ont rendu inévitable la crise générale dont souffre le monde des affaires depuis plus de dix ans.

L'Angleterre, autrefois si absolue et si unanime sur cette question du monométallisme, est aujourd'hui comme ébranlée par le doute. Les esprits les plus éminents sont tellement partagés depuis quelques années sur ce sujet, que le Parlement a dû faire nommer une Commission royale pour faire une enquête. Les conclusions de cette Commission viennent d'être publiées, et les dépositions des financiers les plus considérables du Royaume-Uni, comme le vote de la Commission qui s'est trouvée exactement partagée en deux parties égales entre les monométallistes et les bimétallistes, nous autorisent à dire qu'une réaction manifeste se produit en Angleterre et qu'on peut entrevoir, dans un avenir plus ou moins éloigné, des mesures qui relèveraient la valeur de l'argent, aujourd'hui déprécié dans la proportion de trente à trente-deux pour cent.

Cette question est capitale pour la France qui a, dans les caveaux de la Banque de France, plus de douze cents millions et, dans le pays, quatre milliards d'écus.

Nous avons donc un intérêt très grand au maintien du bimétallisme, et nous devons demander que la France s'efforce d'en faire accepter le principe par les autres nations. Cette tâche lui sera facilitée par l'appui qu'elle trouvera auprès des États-Unis très intéressés à défendre leur énorme production d'argent.

IX. — *Le développement anormal des dépenses inutiles.* — Les travaux inutiles, et surtout les folies scolaires, sont une des principales causes des charges d'impôts qui paralysent le commerçant français. Nous protestons énergiquement contre ce gaspillage de la fortune publique.

X. — *La surproduction* est un mal aujourd'hui commun à toutes les nations. Partout, le développement des voies ferrées, de la navigation et des instruments de crédit ont fait augmenter la production dans une mesure qui dépasse la consommation.— De là une concurrence extrême entre les producteurs du monde entier et une situation mauvaise pour les nations, comme la nôtre, moins favorisées que d'autres au point de vue de la main-d'œuvre, du combustible et des impôts. De là la nécessité d'une protection raisonnable, qui sauvegardera nos industries et créera au trésor des ressources plus que nécessaires pour équilibrer nos budgets.

XI. — *La fraude et les falsifications.*— Jamais à aucune époque la moralité commerciale n'a été aussi discutable.

Il n'est, pour ainsi dire, plus aucun produit qui ne soit l'objet de fraudes et de falsifications. Le consommateur est trop souvent trompé et la santé publique trop souvent compromise par des fraudes que l'honnêteté de nos pères aurait repoussées avec indignation. Les délicatesses de la conscience des commerçants honnêtes viennent tous les jours se heurter contre la concurrence déloyale des fraudeurs et des falsificateurs.

XII. — Loi des élections consulaires. — La loi de 1883, qui a démesurément agrandi le cercle des électeurs consulaires, a été uniquement inspirée par les besoins qu'ont les gouvernants de flatter la démocratie. Elle n'a donné que de déplorables résultats, car jamais l'indifférence des électeurs n'avait été aussi marquée. Les scrutins sont abandonnés ; autrefois, à Marseille, on comptait 900 notables électeurs inscrits et 5 à 600 votants ; — aujourd'hui, aux élections du 23 décembre dernier, sur 7,259 électeurs inscrits, le président du Tribunal, qui a réuni le plus grand nombre de suffrages. n'a été nommé que par 338 voix !

Mais, par la brèche ouverte par la loi de 1883, les politiciens et les ambitieux ont passé, et leurs prétentions bruyantes ont eu pour résultats de dégoûter et d'éloigner l'élite de nos commerçants et nos industriels, ceux dont l'expérience, les lumières, et surtout le caractère, offraient les meilleures garanties pour le bon recrutement des juges consulaires. Nous demandons, en conséquence, le retour à la législation antérieure, c'est-à-dire l'élection des juges consulaires par les notables commerçants.

III

Après avoir exposé les vœux et les doléances de nos négociants, nous conclurons en disant que le développement de la richesse publique depuis un siècle est sans doute aussi évident que la lumière du jour, mais qu'il n'est dû en rien à la Révolution française : qu'elle en a, bien au contraire, entravé l'essor par le trouble et la perturbation qu'elle a causés dans les relations sociales, et que la prospérité de la France a été arrêtée et comme suspendue toutes les fois que les idées révolutionnaires ont fait explosion ou ont prévalu. Nous ne pouvons pas oublier par quelles crises le commerce de la France a passé en 1830, en 1848 et en 1870 !

La France n'a jamais été aussi heureuse, aussi tranquille et aussi prospère que lorsque ceux qui la gouvernaient rompaient résolument avec les allures de la Révolution. Le commerce, qui vit de stabilité et de sécurité, ne s'accommodera jamais des traditions de la Révolution qui peuvent se résumer en trois mots : révolte, agitation, anarchie.

La France révolutionnaire est condamnée à flatter sans cesse la démocratie et à devenir la proie des démagogues. Alors, la lie monte à la surface. Le nombre souverain écrase l'élite de la nation, qui n'a plus ni influence ni autorité. C'est le règne des incapables et des indignes ; c'est l'oppression des minorités par l'intolérable tyrannie des majorités faussées et falsifiées.

Et pendant que la France, déchirée par les factions et ruinée par les folies des révolutionnaires, se débat dans une lutte qui l'épuise, les autres nations, celles du moins demeurées fidèles aux saines traditions de gouvernement, voient leur grandeur et leur prospérité prendre des développements inouïs. L'Angleterre, l'Allemagne, la Russie et les États-Unis, ne démontrent-ils pas d'une façon saisissante la supériorité des nations qui respectent le Décalogue et qui placent leur constitution sous la protection de Dieu, sur celles qui se glorifient dans leur impiété, et qui semblent, dans leur haine aveugle, n'obéir qu'à une idée fixe : celle de détruire tout sentiment religieux dans les âmes.

Qui oserait nier que telle est la situation de la France vis-à-vis des autres peuples, surtout depuis la dernière révolution de 1870, et qui pourrait être étonné, dès lors, que les commerçants français appellent de tous leurs vœux un régime réparateur !

En conséquence, les vœux suivants sont adoptés :

VŒUX RELATIFS AU GRAND COMMERCE

L'Assemblée émet le vœu :

·I. — Que le législateur, s'inspirant des principes chrétiens et autant dans l'intérêt général du commerce qu'en vue de conserver l'intégrité des mœurs publiques, cherche à arrêter la fièvre de spéculation dont notre société est prise et se préoccupe de contenir la spéculation elle-même dans des limites raisonnables ;

II. — Que les chefs de nos grandes familles commerciales soient pourvus de la liberté de tester, de manière à pouvoir transmettre l'héritage de leur commerce et de leur industrie à ceux de leurs enfants qu'ils savent les plus capables ae continuer leur œuvre, sauf à réserver aux autres de légitimes compensations ;

III. — Que dans la question des traités de commerce, il soit tenu compte des impôts qui constituent pour le commerce français une charge deux et trois fois plus forte que celle qui pèse sur les autres nations ;

IV. — Que les traités de commerce arrivant à échéance en 1892 ne soient plus renouvelés ;

V. — Que la France ne soit pas rivée à la politique des théories abstraites et absolues et que, dans la fixation des tarifs de douane, il soit tenu compte des faits économiques qui, depuis 1860, ont si complètement changé la situation de la France et des compensations qui nous sont indispensables pour contrebalancer les avantages contre lesquels nous avons à lutter ;

VI. — Que la loi de 1881 qui a arrêté la décadence et la ruine de la marine marchande soit prorogée, après l'expiration du terme qui lui a été assigné pour une première expérience ;

VII. — Que les pouvoirs publics, dans la direction générale de la politique étrangère, se préoccupent des intérêts particuliers du commerce français et n'exposent pas celui-ci à des conséquences désastreuses comme celles qu'ont produites les deux faits de l'unité de l'Italie et de l'Allemagne ;

VIII. — Que la France revienne sur son engagement de suspendre la frappe de l'argent, assure le maintien du bimétallisme et s'efforce d'en faire accepter le principe par les autres nations ;

IX. — Qu'il soit mis un terme au gaspillage de la fortune publique, en suspendant les travaux inutiles et surtout les folies scolaires ;

X. — Que le mal de la surproduction dont souffre le commerce soit arrêté par une protection raisonnable qui sauvegarderait nos industries françaises et créerait des ressources au trésor ;

XI. — Que les fraudeurs et les falsificateurs qui trompent le consommateur, compromettent la santé publique et dont la concurrence déloyale met tous les jours un obstacle à l'exercice du commerce honnête, soient recherchés et poursuivis par ceux qui ont la charge de défendre les intérêts publics ;

XII. — Que la loi de 1883 relative aux élections consulaires, dont l'expérience a démontré l'inopportunité et les inconvénients, soit abrogée et que l'on retourne à la législation antérieure, c'est-à-dire à l'élection des juges consulaires par les notables commerçants.

La parole est donnée à **M. Honoré Jullien**, bijoutier-joaillier à Marseille, rapporteur du Groupe du Commerce en Magasin (1).

---

(1) Le rapport de M. Jullien a été lu avant celui de M. Bergasse; on a rétabli dans le compte rendu l'ordre du programme.

RAPPORT DE M. HONORÉ JULLIEN

Messieurs,

Il ressort de l'enquête préparatoire de cette Assemblée, ainsi que des études de notre Commission, que les doléances du commerce en magasin peuvent être résumées en quatorze articles. Nous allons les exposer rapidement devant vous.

I

Les bénéfices du commerçant et le salaire des employés dépendent de la valeur des produits ; plus une marchandise est chère, plus elle laisse de profits au commerçant qui, réalisant des bénéfices convenables, en fait rejaillir, s'il est juste, une bonne part sur ses employés. La cherté des marchandises permet d'élever la main-d'œuvre et, comme conséquence, l'ouvrier, qui perçoit de bonnes journées, consent à payer quelque peu plus chères celles de ces marchandises dont il fait usage. Il serait donc du plus grand intérêt que les tarifs douaniers empêchassent l'avilissement des produits français.

Un bon nombre de commerçants pensent qu'il conviendrait d'inaugurer un système douanier franchement protectionniste pour tout ce qui est produit par le pays, et libre-échangiste pour les quelques articles, denrées coloniales et matières premières que le pays ne produit pas. Ils ne pensent pas qu'il y ait à craindre, à la suite de l'application d'un pareil système, des représailles des autres nations. Nous n'avons que faire de leurs produits fabriqués.

Quand un pays est riche comme le nôtre, en ressources de toutes sortes ; quand un pays a, comme le nôtre, la bonne fortune d'avoir son territoire dédoublé par une colonie telle que l'Algérie, il doit pouvoir se passer complètement de l'étranger. Au point où nous sommes aujourd'hui, avant de concéder à l'étranger des entrées chez nous à l'importation sous prétexte d'obtenir en retour des débouchés à l'exportation, il faut, au risque de voir diminuer celle-ci, savoir arrêter celle-là pour combler le vide fait dans notre prospérité. Cette suspension s'imposera jusqu'au jour où le trop-plein de notre prospérité intérieure reconquise nous permettra de faire à l'importation quelques concessions habiles, pour faciliter l'écoulement au dehors du surplus de nos produits.

Recueillons-nous d'abord ; rétablissons notre situation intérieure ; nos ressources agricoles, industrielles et commerciales doivent suffire à ce relèvement. En admettant même que des droits prohibitifs empêchassent complètement l'entrée des céréales, l'établissement de greniers de provision, où seraient accumulés des blés de France et d'Algérie, mettrait le pays à l'abri de l'éventualité d'une famine.

II

La falsification des produits est préjudiciable au consommateur ; elle l'est aussi au commerçant qui ne donnant pas satisfaction à sa clientèle par la qualité de sa marchandise, n'a qu'une clientèle très incertaine, très changeante et par suite ne parvient pas, malgré son travail et son opiniâtreté, à fonder un commerce stable. La falsification entraine donc la destruction de la clientèle, qui, de nos jours, n'est plus une valeur et que l'on ne peut plus payer quand on prend la suite d'un commerce. Elle avilit la marchandise et il en résulte la diminution des bénéfices que nous signalions dans le premier article.

Les lois doivent intervenir par une répression énergique pour empêcher la falsification. Sans doute, on doit pouvoir vendre et essayer de faire prendre des produits composés que la science peut découvrir ; mais ce que la loi doit garantir, c'est la sincérité de l'étiquette. Il doit être permis, par exemple, de vendre du vin de raisins secs, s'il est prouvé que ce produit industriel n'est pas nuisible à la santé publique ; mais il doit

être vendu comme vin de raisins secs et non comme vin naturel.
En résumé, les lois doivent assurer et garantir, sinon la qualité,
tout au moins la sincérité de la marchandise. Pour y parvenir,
des peines très sévères doivent punir la tromperie sur la désigna-
tion de la marchandise vendue et à vendre.

III

Les lois successorales n'assurent pas la stabilité du commerce
en magasin. Il est certain que, dans bien des cas, la mort pré-
maturée d'un chef de famille, à la tête d'un commerce, entraîne
la ruine de ce commerce, par suite de la nécessité de le partager
entre les enfants. Pourtant, avec les lois qui nous régissent,
il n'est pas rare de voir subsister, après le décès du chef de
la maison, un commerce en magasin. La femme très souvent,
l'un des enfants ou plusieurs des enfants associés, continuent,
s'ils sont intelligents et travailleurs, le commerce fondé par le
père. Souvent c'est avec réussite.

Il conviendrait néanmoins d'assurer la stabilité du commerce
en cas de désaccord entre les héritiers, par l'obligation imposée
par les lois de ne pas subdiviser l'affaire. Celle-ci pourrait être
cédée à une tierce personne pour permettre la répartition de sa
valeur entre les héritiers, ou à l'un des héritiers moyennant
compensation pécuniaire après évaluation, si la fortune le
permet, et si la fortune ne le permet pas, moyennant des
annuités payées jusqu'à remboursement de la valeur de l'affaire,
valeur fixée par un jugement à intervenir au moment de la
cession. Le législateur devrait surtout avoir en vue d'empêcher
la division du commerce.

Comme modification importante à apporter aux lois successorales, les commerçants demandent la diminution de l'impôt
payé à cette occasion. Cet impôt est une charge très lourde. Il
serait à désirer que le taux en soit prélevé sur le montant net de
la succession, passif déduit de l'actif, et non sur le montant
brut de l'actif, comme il est perçu actuellement.

IV

On est unanime à se plaindre de la diminution de la loyauté et de la sincérité dans les relations commerciales. On l'attribue aux causes suivantes :

1° Le manque de conscience par suite du manque de religion.

2° La concurrence effrénée, résultat de la diminution des bénéfices et de l'augmentation toujours croissante des frais généraux: frais de loyer, patentes, impôts indirects, frais divers que le commerçant doit couvrir avant d'avoir le moindre bénéfice et d'où découle la nécessité à laquelle il se trouve acculé de forcer la vente pour entretenir ces terribles sangsues.

3° La trop grande facilité donnée par la presse et l'affichage à forcer la vente par des réclames mensongères. Si une loi bien comprise sur l'affichage et la presse réprimait les réclames mensongères, le commerçant ne se laisserait pas aller aussi facilement à la tentation d'en faire usage.

4° Une trop grande licence laissée à ceux qui ne se conduisent pas loyalement et sincèrement ; la trop grande tolérance des tribunaux à leur égard ; la non-application même des lois existantes sur la matière, par ceux qui sont payés par l'impôt pour les faire observer ; inexactitude et nonchalance des fonctionnaires de tous ordres dans l'accomplissement de leurs devoirs professionnels.

V

Le repos du dimanche est indispensable à la conservation des forces de l'homme et au maintien de l'esprit de famille. Au point de vue purement humain, l'Etat devrait intervenir pour le faire observer. Dans les grands centres, certains magasins n'ouvrent le dimanche que parce que leurs confrères demeurent ouverts. Il faudrait donc provoquer des engagements à prendre par tous ceux exerçant le même commerce. Le retour aux ancienn, corporations faciliterait la prise de cet engagement et en assurerait l'exacte observation.

Dans les grands centres, on ne peut objecter que certaines gens ne peuvent faire leurs acquisitions un autre jour que le dimanche. Les allées et venues de chacun sont telles, que l'on ne rencontrerait que très exceptionnellement le cas d'une personne ne pouvant trouver dans la semaine le temps de faire ses achats. Cette objection a une certaine valeur pour les petites villes et les villages, loin desquels sont retenus leurs tributaires pendant la semaine. Là encore, en attendant des temps plus religieux, on devrait arriver à obtenir que les magasins ne soient ouverts le dimanche que le matin.

<h2 style="text-align:center">VI</h2>

Le commerce en magasin souffre non seulement des excès de la spéculation du grand commerce, mais encore de la seule spéculation. La spéculation à la baisse produit l'avilissement de la marchandise, dont j'ai déjà signalé les inconvénients. La spéculation à la hausse oblige le boutiquier à se remplacer à plus haut prix, sans qu'il puisse augmenter ses prix de détail, par suite de la concurrence et par crainte de voir diminuer son débit.

Pour le commerce en magasin d'articles sujets à hausse et à baisse, il est important et indispensable de pouvoir compter sur un cours normal ne subissant que les seules fluctuations pouvant résulter de l'abondance ou de la rareté du marché, à l'exclusion de toute fluctuation provenant d'accaparement.

La spéculation du grand commerce, en produisant des situations factices, détruit la stabilité des grandes maisons qui font travailler un grand nombre d'employés et d'ouvriers. Ceux-ci ne sont pas sûrs du lendemain ; ils croient que les gros appointements, que les bonnes journées ne prendront jamais fin et ils se laissent aller à faire des achats à terme en s'engageant sur leurs appointements comme sur des revenus. Le krack arrive et ces débiteurs, employés sans place, ouvriers sans travail, ne peuvent plus payer le commerçant qui leur a fait crédit.

VII

Elles sont nombreuses et très importantes pour les affaires du commerce de détail, les réformes à introduire dans la loi sur les faillites. Les commerçants sont généralement d'avis que la nouvelle loi n'a en vue que les commerçants malheureux qui, ayant trop présumé de leurs forces et de leurs capacités, en sont arrivés malgré eux à une situation qu'on est convenu d'appeler « en-dessous de ses affaires ».

Nous ne nions pas que ce cas ne se présente jamais, mais nous affirmons, avec l'expérience commerciale que les membres de la commission peuvent avoir, que ce n'est pas la généralité. Dans le plus grand nombre de faillites, on a devant soi un commerçant qui a sciemment dilapidé son avoir : soit en abusant du crédit qui lui avait été accordé, pour se permettre d'avoir des frais généraux hors de proportion avec l'importance de ses affaires ; soit en faisant des prélèvements excédant par avance ce qu'il peut espérer gagner, pour faire des dépenses exagérées et se procurer des jouissances dont il serait forcé de se passer s'il en était réduit à ne pouvoir dépenser que son gain réel.

La loi sur les faillites devrait surtout viser ce cas général et, par des dispositions très sévères, prévenir ces dilapidations immorales. Le tribunal devrait surtout examiner la conduite commerciale du failli, être indulgent s'il était prouvé, par une enquête consciencieusement faite, que le failli a succombé à la suite d'un concours de faits malheureux, être très sévère et pouvoir disposer des peines les plus rigoureuses pouvant aller jusqu'à l'interdiction absolue de faire du commerce, s'il ressortait de l'enquête que le failli a été malhonnête ou seulement notoirement incapable. Car l'incapacité même doit être passible d'une peine. Restez ouvrier ou employé, si après essai vous êtes reconnu incapable d'être patron.

En revisant la loi sur les faillites, on devrait se préoccuper de sauvegarder le plus possible les intérêts des créanciers et prendre

pour cela des mesures telles, que l'actif soit réalisé avec le moins
de frais possible et dans le laps de temps le plus court possible
pour assurer un dividende convenable, et non pas un dividende
dérisoire comme ceux annoncés la plupart du temps.

On arriverait à ce résultat en supprimant les syndics et les
liquidateurs judiciaires, ou tout au moins en modifiant leur
situation. Les uns et les autres ne pourraient-ils être assimilés
à des magistrats nommés soit par l'Etat, soit par les suffrages
des patentés ? Leurs charges et leurs fonctions seraient rétri-
buées par l'Etat. Ceux qui émettent cet avis pensent que les
commerçants consentiraient à ajouter quelques centimes addi-
tionnels à leur contribution des patentes pour être assurés d'une
meilleure liquidation des faillites, aux conséquences desquelles
ils sont tous plus ou moins exposés. En résumé, le syndic
devrait avoir des appointements fixes, exercer une sorte de sacerdoce, être surveillé par des sortes de procureurs commerciaux et être encouragé à liquider au mieux les situations par
des primes accordées aux dividendes les plus élevés. C'est une
idée énoncée au cours de l'enquête et dont la mise en pratique
devrait être soigneusement étudiée.

VIII

Il y a certainement lieu de faire représenter le commerce en
magasin dans les pouvoirs publics ; mais il y aurait le plus grand
intérêt à le faire représenter dans l'administration municipale.

Le commerce en magasin est alimenté surtout par la place
elle-même ; il est important pour lui que les budgets municipaux soient équilibrés avec sincérité, que les finances de la
commune soient prospères, que les travaux publics assurent
l'embellissement de la cité, que la voirie municipale soit admi-
nistrée avec le plus grand soin, que la police soit bien faite, que
tous les établissements sur lesquels la commune exerce une surveillance ou un contrôle soient prospères, que les fêtes publiques
soient sagement ordonnancées.

Plus il y aura de prospérité dans une ville, plus les commerçants débiteront de leurs articles. Ils ont donc droit à avoir une représentation importante dans l'administration municipale.

IX

Pour les mêmes motifs, il serait désirable qu'une représentation fût accordée aux commerçants de détail dans les chambres du commerce. Mais cette représentation, tout en ayant son importance, en a moins que dans l'administration municipale. Les Chambres de commerce ont à examiner les grandes lignes de commerce en général ; elles ont à voir de plus haut et plus loin. Ce rôle ne peut être efficacement rempli que par des négociants habitués à traiter de grandes affaires et qui, par leur situation à la tête de maisons importantes ou de compagnies puissantes, sont plus aptes à juger les mesures à prendre et les projets soumis.

Pourtant ces sommités ont besoin, dans les jugements à porter et dans les décisions à prendre, de se renseigner sur les conséquences qui doivent en résulter dans le commerce de détail.

C'est pourquoi il serait juste et utile d'admettre dans les Chambres de commerce une représentation du commerce en magasin, représentation proportionnelle à l'importance de la place.

D'aucuns sont d'avis qu'il soit organisé une Chambre de commerce spéciale des commerçants en magasin.

X

Les tribunaux consulaires paraissent à beaucoup répondre suffisamment aux besoins du commerce en magasin.

Certains souhaiteraient de leur voir adjoindre, par analogie avec ce qui se passe auprès des tribunaux civils, un procureur. De cette sorte, les tribunaux de commerce ne se borneraient pas à connaître des différends qui peuvent surgir entre négociants et commerçants ; mais ils assureraient une marche plus régulière des affaires en général, en connaissant des faits répréhensibles dans l'exercice de la profession de commerçant. Ces faits échappent à leur juridiction, faute de plainte de la part de la partie lésée; ils seraient soumis aux tribunaux par ces procureurs commerciaux.

XI

Les commerçants en magasin ont de très grands intérêts communs et professionnels à défendre. Aussi reconnaissent-ils qu'il serait utile de voir les syndicats prendre parmi eux une plus grande extension. La formation en syndicat est un acheminement vers la corporation des patrons et employés d'un même commerce.

L'organisation corporative, on le reconnaît généralement, rendrait au commerce de détail les plus grands services, en permettant dans chaque branche la réglementation de certaines questions relatives à la profession. Cette réglementation ne peut être utilement faite que par les intéressés. Nous avons suffisamment indiqué, au cours de cet exposé, la nécessité de la corporation, pour qu'il soit utile de s'y arrêter plus longtemps.

Relativement à la personnalité civile des syndicats, on reconnaît qu'une certaine tolérance est actuellement concédée par l'administration; pourtant le plus grand nombre des commerçants en désire l'extension, car sans elle le rôle des syndicats est forcément limité.

XII

Le commerce en magasin est ruiné par les grands magasins-bazards de Paris; il l'est moins par ceux des grandes villes de province, qui ne sont pas placés comme le sont exceptionnellement ceux de la capitale.

On n'a pas le droit de décréter la non-existence de ces magasins-bazards; mais on a le droit, étant données les conséquences déplorables que ces établissements entraînent, concurrence aux petits commerçants, esclavage et promiscuité des

employés, inconvénients qui sont loin d'être compensés par le
bon marché des marchandises débitées, de se mettre en garde
contre ces conséquences. On pense qu'ils devraient être imposés extraordinairement et payer une patente spéciale à chaque
genre d'articles qu'ils débitent. Il n'est pas juste qu'ils ne
payent qu'une seule classe des patentes, alors qu'ils vendent de
la nouveauté, de la quincaillerie, de la bijouterie, des meubles, etc.

XIII

Le colportage a existé de tout temps; il n'est pas vrai qu'il
tende à se substituer au commerce établi dans les grandes villes.
Le colporteur ne parvient à faire quelques affaires qu'en prenant
beaucoup de peine et en ayant beaucoup de patience; il sollicite
généralement un client qui n'est pas disposé à acheter et il ne le
décide qu'une fois sur dix. Les affaires qu'il enlève aux magasins
établis, et aux foires et marchés de village, ne sont pas d'une
très grande importance et elles sont achetées aux prix de telles
fatigues qu'on peut bien lui laisser le droit d'exercer le
colportage.

Cependant, pour éviter l'avilissement de la marchandise par
l'abus du colportage, les fournisseurs des colporteurs (on y arriverait par les corporations) devraient s'abstenir de leur faire du
crédit.

Les mêmes raisons qui font tolérer le colporteur font accepter
le déballeur. A ce dernier, pourtant, les réclames mensongères
devraient être interdites; elles devraient être punies sévèrement
par les lois, à l'égal de la tromperie sur la marchandise vendue.
Les réclames devraient être soumises, pour autorisation, aux
pouvoirs consulaires. Ce pourrait être encore une des attributions
du procureur commercial.

On se plaint de ce que les patentes des marchands colporteurs
et déballeurs ne soient pas en proportion avec celles payées par
les magasins; il faut certainement les élever, pour les mettre à
leur hauteur; on est d'avis qu'il ne faudrait pas les élever hors
de proportion, pour ne pas les rendre prohibitives.

XIV

Une des plaies du commerce en magasin est la vente à crédit. Elle est très nuisible au commerce de détail. Un détaillant a trop de charges générales et des capitaux insuffisants pour faire du crédit. S'il en fait, ce ne peut être généralement qu'avec le crédit qui lui est concédé par le fournisseur. Qu'il se trouve engagé dans une faillite, ou engagé avec un débiteur insolvable, c'est le capital du fournisseur qui se trouve engagé.

La vente à crédit d'articles à usage personnel, si elle est préjudiciable au commerçant, ne l'est pas moins à celui qui est censé en bénéficier. Car : 1° il achète toujours plus cher qu'en payant comptant ; 2° il ne travaille plus que pour amortir des dettes ; 3° il mine sa tranquillité ; 4° il contracte la mauvaise habitude de faire des dettes et, souvent, sans s'en apercevoir, en vient à être malhonnête.

On ne peut défendre par une loi la vente de détail à crédit : ce serait accorder à l'État un droit d'intervention dans des affaires privées qui ne le regardent pas. Le seul moyen de combattre cette plaie consiste dans l'organisation des commerçants en corporations leur permettant de s'entendre entre eux pour s'engager à ne pas vendre à crédit ou tout au moins réglementer cette vente pour les cas où elle peut être utile.

M. Jullien propose les vœux suivants, qui sont adoptés :

VŒUX RELATIFS AU COMMERCE EN MAGASIN

L'Assemblée émet le vœu :

I. — Que les tarifs douaniers soient remaniés de manière à assurer, dans le plus bref délai, le relèvement de la valeur des produits français par l'application de droits élevés sur les produits similaires étrangers ;

II. — Que la falsification des produits soit sévèrement punie par l'application des lois existantes et, en cas d'insuffisance, par de nouvelles lois ;

III. — Qu'il soit apporté aux lois successorales des modifications telles que la stabilité du commerce en magasin ne soit pas exposée à être détruite par la nécessité qu'imposent les lois actuelles de partager le commerce lui-même, en cas de désaccord entre les héritiers ; que les droits de succession soient moins élevés et qu'ils soient prélevés sur le montant de l'avoir, déduction faite du passif ;

IV. — Qu'il soit tenu compte des vœux exprimés relatifs à la paix religieuse, à la constitution de la famille et aux rétablissement des bonnes mœurs, toutes choses qui assureront la loyauté et la sincérité dans les relations commerciales ; que la déloyauté et le manque de sincérité soient réprimés sévèrement par l'application exacte des lois par ceux chargés de les appliquer ;

V. — Que l'observation du repos du dimanche devienne générale par l'entente entre commerçants ; qu'à défaut d'entente, une loi intervienne pour assurer cette observation dans une juste mesure conciliant la nécessité de ce repos avec les intérêts du commerce en magasin ;

VI. — Que la spéculation soit réprimée par la prohibition des ventes à découvert, la réglementation des marchés à terme, et l'application de la loi sur l'accaparement ;

VII. — Qu'il soit procédé à une nouvelle revision de la loi des faillites, dans laquelle il soit tenu compte des intérêts des créanciers aussi bien que de ceux des faillis ; que les syndics et les liquidateurs judiciaires soient supprimés ; que. si cette suppression n'est pas possible, ils ne soient pas payés avec l'actif de la faillite, ou tout au moins qu'ils ne soient pas aussi largement rétribués ;

VIII. — Qu'il soit réservé aux commerçants en magasin une

large part dans l'administration municipale, à la bonne marche de laquelle ils ont de très grands intérêts ;

IX. — Qu'il soit créé des chambres de commerce des commerçants en magasin, qui prennent sérieusement en main la défense de leurs intérêts communs, ou que cette mission soit dévolue aux membres des tribunaux consulaires ;

X. — Qu'une part soit faite aux commerçants en magasin dans la composition des tribunaux consulaires ; que les frais de justice auprès de cette juridiction soient sensiblement diminués; qu'ils soit adjoint aux tribunaux consulaires un procureur commercial ;

XI. — Que les associations, corporations et syndicats de patrons et employés soient encouragés ; que la personnalité civile dont ils jouissent soient élargie et qu'ils soient favorisés à l'encontre des associations de capitaux qui se forment en vue de la coalition, de l'accaparement et du monopole ;

XII. — Que les législateurs et les pouvoirs publics se préoccupent du préjudice porté aux commerçants en magasin par le cumul de différents commerces entre les mêmes mains, et que des mesures justes et efficaces réglementent ce cumul, afin d'arrêter la concurrence ruineuse que les grands magasins-bazars font au commerce en magasin ;

XIII. — Qu'il soit apporté un remède aux abus du colportage et du déballage, qui portent un préjudice réel au commerce établi ;

XIV. — Qu'il soit mis un frein à la vente à crédit par abonnement, système également nuisible au commerçant et au consommateur.

M. le Président donne la parole à M. Alfred Jauffret, propriétaire, maire de Mallemort, rapporteur de la Commission de l'Agriculture.

RAPPORT DE M. ALFRED JAUFFRET

Messieurs,

Le bouleversement sans précédent dans l'histoire qui ébranlait, il y a un siècle, la société française, a modifié profondément les conditions du travail.

Il serait injuste de refuser à la Révolution de 1789 et aux idées qu'elle a lancées à travers le monde, la part qui lui revient dans le grand développement de l'activité humaine auquel nous assistons. Mais nous devons nous rappeler également que la période qui l'a immédiatement précédée peut se comparer aux époques les plus prosperes de nos annales.

En effet, sous l'inspiration de Louis XVI, ce roi qui sut mériter le nom de restaurateur de la liberté française, et sous l'impulsion si honnête et si éclairée de Turgot et de Malesherbes, une série de réformes se produisit, à partir de 1774, qui contiennent en germe tout ce qui est vraiment bon et utile dans notre organisation actuelle.

Malheureusement, une triste déviation se produisit dans ce grand mouvement d'opinion qui, en 1789, entraînait la nation tout entière vers des destinées nouvelles ; et bientôt, aux réformes sages, légitimes et voulues de tous, succédèrent les violences, les emportements et les crimes de la période révolutionnaire.

Il est facile de comprendre combien l'agriculture eut à souffrir de ces temps douloureux ; après avoir un instant respiré sous le Consulat, elle eut peine à ne pas succomber sous les guerres sans fin de l'Empire.

Car il est certain que, plus que toute autre, l'industrie agricole a besoin de paix et de tranquillité ; plus qu'aucune autre elle souffre des maux de la guerre et des commotions politiques. En effet, si, comme le disait déjà, il y a vingt siècles, le vieux censeur romain, « c'est parmi les agriculteurs que naissent les

meilleurs citoyens et les soldats les plus courageux, » l'agriculture n'achète cette louange méritée qu'en donnant à la défense
de la patrie le meilleur de son sang et de son épargne.

Une autre cause agit encore à cette époque, d'une façon plus
spéciale et plus directe, sur les destinées de l'agriculture : nous
voulons parler des modifications profondes qui se produisirent
alors dans la constitution même de la propriété rurale.

L'ancien ordre de choses avait pour base, pour point de départ,
la possession du sol : le Clergé, la Noblesse en tiraient leur
importance politique et la majeure partie de leur revenu ; et si,
dans les fortunes du Tiers Etat, une part un peu plus large était
faite à la propriété mobilière, celle-ci ne jouait pas, à beaucoup
près, dans l'ensemble de la richessse publique, le rôle prépondérant et peut-être exagéré qu'elle a conquis de nos jours.

Les hommes qui, malheureusement pour notre pays, prirent
la direction du mouvement de cette époque, n'avaient que trop
compris quelle était la force de la propriété territoriale dans
l'antique organisation de la France.

Aussi j'estime que l'on se tromperait étrangement si l'on ne
voyait dans la confiscation des biens du clergé, et plus tard de
ceux des émigrés, que le désir de parer à un déficit qui aujour-
d'hui ferait sourire une commission du budget, ou d'écraser des
adversaires politiques. On visait plus haut et plus loin : ce qu'on
voulait, c'était faire sûrement table rase de tout le passé et
rendre impossible la reconstitution de toute influence avec
laquelle il fallût compter dans l'avenir.

On voulait, par l'émiettement du sol et de la fortune publique,
transformer la forte société d'autrefois, compacte, solidement
établie, groupée autour d'intérêts collectifs et de vues communes, en une multitude sans cohésion, incapable de résister à la
tyrannie de quelques meneurs, incapable même, dans son individualisme, de former un peuple, dans l'acception historique et
virile du mot, parce que, comme l'a dit Rivarol, « *la charpie
n'est pas du linge.* »

Heureusement, Messieurs, que si le but politique poursuivi a
été bien près d'être atteint, nous ne le voyons que trop, les

résultats économiques ne l'ont pas été, et qu'un siècle après la Révolution, n'en déplaise aux écrivains qui lui font honneur d'avoir donné la terre aux paysans, la propriété agricole est à peu de chose près ce qu'elle était en 1789.

C'est que, Messieurs, le sol de notre France n'était pas, sous l'ancien régime, la propriété d'une classe à l'exclusion des autres ; le bourgeois, le paysan y possédait en paix son champ à côté des domaines de la noblesse et du clergé, et c'est par un mensonge, aussi flagrant que perfide, qu'on voudrait faire accroire aux masses rurales qu'elles n'avaient, il y a un siècle, ni propriété, ni droits.

Arthur Young, le célèbre agriculteur anglais, qui parcourut la France de 1787 à 1790, et que certaines appréciations, qu'il a du reste désavouées plus tard, ne représentent pas comme un partisan de l'ancien régime, écrit en propres termes : « *Le nombre des petites propriétés est si prodigieux, que je crois bien qu'il comprend un tiers du royaume.* »

Or, à l'heure actuelle, l'examen des cotes foncières démontre que sur 45 millions d'hectares imposables, abstraction faite du domaine de l'État et des propriétés des communes, un tiers, soit 15 millions d'hectares, est possédé par 50,000 propriétaires avec une moyenne de 30 hectares, — un autre tiers par 500,000 propriétaires avec une moyenne de 30 hectares, — et enfin le dernier tiers par 5,000,000 de propriétaires avec une moyenne de 3 hectares.

C'est que les erreurs économiques se corrigent d'elles-mêmes par leurs propres effets, et que, dans l'espèce, dès que la division du sol atteint une limite telle que la culture cesse d'en être rémunératrice, un mouvement de concentration se produit. Quand, au contraire, l'immensité des domaines agglomérés dans quelques mains en diminue la valeur culturale, ils se divisent et, par suite de cette loi qui découle de la nature même des choses, chacun arrive à posséder ce qu'il peut utilement faire valoir et ce qu'il mérite, — car, ne l'oublions pas, la possession du sol ne confère pas seulement des droits, elle impose des devoirs.

C'est pour examiner si ces droits sont suffisamment protégés, c'est pour nous encourager à remplir ces devoirs, que nous sommes ici assemblés. Permettez-moi d'aborder à présent ces deux ordres de considérations.

I

L'agriculture souffre; il est inutile d'insister sur ce fait dont nous ne sommes que trop persuadés; les causes de ces souffrances sont multiples; mais, grâce à Dieu, elles ne sont point sans remèdes. Car, si tout n'est pas à louer dans nos codes, si notre régime successoral pourrait peut-être utilement recevoir quelques modifications, l'ensemble de notre organisation sociale ne fait nullement obstacle à la prospérité de l'agriculture.

Quant à la constitution de la propriété rurale, elle est, nous venons de le voir, sensiblement la même qu'à des époques où l'agriculture française obtenait des succès et avait atteint une splendeur qu'elle ne connaît plus ; ce n'est pas encore de ce côté qu'il faut chercher la source du mal dont elle se plaint.

Bien au contraire, je crois que cet heureux mélange de grands, de petits, de moyens propriétaires est un élément de force et de succès ; il permet d'appliquer à l'agriculture le principe si fécond dans l'industrie de la division du travail. Au grand propriétaire l'initiative, les essais souvent utiles, mais toujours coûteux, les cultures exigeant de grands capitaux ; à ceux qui l'entourent, celles qui exigent plus de soins, plus de main-d'œuvre, une attention, une surveillance plus méticuleuses, enfin une modeste mais utile émulation qui permet souvent d'appliquer, avec un égal succès et avec moins de frais, à de petites exploitations, les méthodes expérimentées en grand sur les domaines voisins.

Où trouverons-nous donc, Messieurs, la cause de la lamentable situation dans laquelle se débat l'agriculture française ? Elle est, à mon sens, tout entière dans le régime économique qu'elle subit.

* *

Depuis un demi-siècle, les conditions de l'échange commercial entre les nations ont été profondément modifiées. La navigation à vapeur, les chemins de fer et, plus récemment, cette œuvre gigantesque qui, après avoir vainement tenté le génie des Pharaons, a été réalisée par un Français, en ont complètement changé les lois.

Des terres les plus lointaines, des régions presque inconnues il y a quelques années à peine, nous arrivent des produits agricoles similaires des nôtres, avec plus de facilité et à moins de frais qu'il n'en eût fallu autrefois pour les faire passer d'une province dans une autre. — De ce fait, l'agriculture nationale a perdu le grand élément de protection de jadis : la distance.

En présence de cette situation, il me semble que la prudence la plus ordinaire, le plus vulgaire souci des intérêts du pays commandaient de relever nos barrières de douane, de réduire les charges qui pèsent sur l'agriculture ; on a, bien au contraire, abaissé les unes, et, comme à plaisir, alourdi les autres.

Je ne remonterai pas aux traités de 1860, et me bornerai à examiner la situation créée par les traités de commerce actuellement en vigueur.

La lutte est, par une loi mystérieuse de la Providence, la condition permanente de la vie des peuples ; aussi, à peine le silence se fit-il sur les champs de bataille de la dernière guerre, que ceux qui avaient alors mission de panser les plaies de notre pauvre pays eurent à se préoccuper de la guerre nouvelle qui allait nous être faite sur le terrain économique.

Rendons cette justice aux négociateurs du douloureux traité de Francfort. Dans la situation cruelle où ils se trouvaient, ils défendirent avec énergie et habileté les intérêts de leur pays, et si, subissant la loi du vainqueur, ils accordèrent à l'Allemagne la condition de la nation la plus favorisée, c'était au moins avec une clause qui eût sauvegardé l'avenir sans l'imprudence de leurs successeurs.

Cette clause est ainsi conçue : « *Le gouvernement français et le gouvernement allemand prendront pour base de leurs relations commerciales le traitement réciproque de la nation la plus favorisée. Toutefois, sont exceptées de la règle susdite les faveurs qu'une des parties contractantes accordera à des*

Etats autres que ceux qui suivent : l'Angleterre, la Belgique, les Pays-Bas, la Suisse, l'Autriche-Hongrie, la Russie. »

Il est évident que tant que l'Allemagne ne modifierait pas son régime économique, qui est énergiquement protecteur, elle bénéficiait sans réciprocité des faveurs que nous accorderions par nos traités de commerce.

Vainement, lorsqu'en 1881 il fut question de conclure de nombreux traités, M. Pouyer-Quertier fit valoir cette considération ; on ne tint nul compte des avertissements de l'éminent négociateur du traité de Francfort. De 1881 à 1882, neuf traités furent conclus qui consacrent ce système si justement qualifié de dupe-échange et de protection à rebours.

Je ne puis, Messieurs, entrer dans le détail de ces divers traités et les examiner par le menu : qu'il me suffise de vous rappeler que, dans tous, les produits agricoles sont ou admis en franchise, ou frappés de droits dérisoires.

Si, dans certains traités, le tarif général un peu plus élevé ou un droit conventionnel a été admis, la clause de la nation la plus favorisée, que toutes les puissances y ont fait inscrire, en rend l'application impossible. Ainsi, par exemple, dans le traité italien, qui a pris fin il y a quelques mois, le droit stipulé sur les vins était de 3 fr. ; mais la clause de la nation la plus favorisée le ramenait à 2 fr., droit consenti avec l'Espagne.

Voulez-vous une autre preuve de l'insouciante légèreté qui a présidé à la conclusion de nos conventions commerciales ? Nous la trouvons dans ces mêmes traités italiens et espagnols, toujours à propos des vins.

En effet, non content de ne leur imposer que le droit vraiment dérisoire de 2 fr., qui est loin de compenser les charges énormes qui grèvent notre production viticole, on les admet au degré alcoolique de 16 0/0, plus élevé de 5 à 6 0/0 que leur teneur en nature, et qui n'est obtenu qu'au moyen du vinage en franchise, pratiqué en grande partie avec des alcools allemands, donnant ainsi à l'ennemi implacable d'hier et à celui probable de demain une véritable prime pour écraser nos vignerons, dont les vins affaiblis dans leur teneur alcoolique par le phylloxéra et les autres fléaux qui se sont abattus sur la vigne, ne peuvent être remontés qu'en payant au fisc le droit énorme de 155 f. 25 c. par hectolitre d'alcool.

En même temps, nos vins étaient frappés d'un droit de 6 fr. à leur entrée en Italie. Voilà le genre de réciprocité que nous ménageaient nos négociateurs !

J'ai choisi ces exemples parce qu'ils touchent à un produit qui m'est plus familier, et que la branche de l'industrie agricole qui le produit traverse une crise d'une intensité sans exemple ; mais il n'y a qu'à parcourir le tableau des droits de douane pour se rendre compte que nos autres productions ne sont pas mieux traitées, et le mot *exempt*, qui figure en regard de presque tous les articles, en est la plus brève et la plus évidente démonstration.

Il est juste de faire observer ici que, sous la pression de l'opinion publique, le gouvernement a paru se rendre compte de la nécessité de modifier notre législation douanière ; le traité de commerce que l'Italie, avec la jactance présomptueuse qui la caractérise, avait dénoncé elle-même, n'a pas été renouvelé. Espérons que notre gouvernement saura résister aux avances qui lui viennent à l'heure actuelle de l'autre côté des Alpes et qu'il ne voudra plus du rôle de dupe, qu'il a trop longtemps joué.

De plus, en 1887, notre tarif général a été l'objet de certains relèvements ; mais ici encore se révèlent d'une façon vraiment étrange la légèreté et l'incompétence avec laquelle ces questions, si sérieuses cependant, sont étudiées et résolues.

Comprend-on, par exemple, que le droit sur le pain et sur les farines n'ait pas été mis en harmonie avec celui du blé, ce qui permet à l'étranger non seulement d'éluder le droit de 5 fr. voté en 1887 sur cette céréale, mais encore de recevoir une véritable prime pour sa meunerie et sa boulangerie ?

La même anomalie existe pour les bestiaux : profitant de la clause de la nation la plus favorisée, plusieurs puissances peuvent nous envoyer des viandes abattues au droit de 3 fr. par 100 kilogrammes, ce qui rend absolument sans effet l'élévation de droit sur le bétail.

Quatre moutons, par exemple, qui paieraient 20 fr. en passant la frontière comme viande sur pieds, ne paient plus que 5 fr. une fois parés pour la boucherie.

De même pour les 300 kilogrammes de viande nette que produit un bœuf moyen ; ils entrent en acquittant un droit de 3 fr., tandis que l'animal qui les a fournis est taxé 38 francs.

Aussi, Messieurs, les conséquences de cette étrange façon d'entendre les relations commerciales avec l'étranger n'ont pas tardé à se produire, et quelques chiffres indiquant ce que certains pays nous envoient et le peu qu'ils nous achètent, en fait de produits agricoles, nous feront, pour ainsi dire, toucher du doigt la cause de l'état plus que précaire dans lequel se débat l'agriculture française.

Ainsi, par exemple, la Russie nous envoie pour 63 millions de céréales, 26 millions de laine, et arrive à un total de 160 millions de produits agricoles divers ; elle nous prend en échange 1 million 1/2 de vin et quelques articles, ensemble 8 à 10 millions.

La Turquie importe en France pour 124 millions, dont 43 millions de fruits ; elle nous prend en retour pour une quarantaine de millions de produits industriels et pas un sou de produits agricoles.

A l'Angleterre et à la République Argentine nous achetons pour 172 millions de laine ; elles nous prennent quelques vins fins soumis à des droits élevés, et on n'a pas oublié les mesures si dures pour le commerce bordelais, que l'Angleterre a prises récemment pour monopoliser à son profit les bénéfices de la mise en bouteille des vins de Bordeaux.

L'Espagne nous fait payer plus de 300 millions pour ses vins, qui sont souvent des piquettes vinées avec de l'alcool allemand mal rectifié et déclaré nuisible au premier chef par la Faculté de médecine de Paris. Que nous prend-elle en retour ? Quelques articles manufacturés et c'est tout.

Enfin, il n'est pas jusqu'à la Chine, cette quantité prétendue négligeable, qui n'ait réussi à nous imposer un traité qui lui permet de ruiner notre sériciculture avec son importation de 103 millions de soies, en nous achetant 3 millions seulement de produits divers.

Je m'arrête, Messieurs, car j'ai hâte de clore cette lamentable énumération. Ces traités, en effet, ne sont pas seulement ruineux ; ils sont ridicules, et je rougis à la pensée que la patrie des Sully, des Colbert, des Turgot, j'en passe et des meilleurs, confie le soin de gérer ses affaires à des ministres capables de les signer.

* *

Pourquoi faut-il avoir à dire à présent que les traités de commerce, sur les conséquences desquels nous venons de jeter ce rapide et triste coup d'œil, ne sont pas la seule faveur accordée à l'étranger aux dépens de la production nationale.

Les grandes compagnies de chemins de fer ont imaginé, le gouvernement a homologué les *tarifs* dits *de pénétration*, qui sont une énormité économique à laquelle l'avenir aura peine à croire.

Comment comprendre, en effet, que sur les chemins de fer français le produit agricole étranger voyage à meilleur marché que le produit agricole français ? Que, par exemple, lorsque deux wagons de vin partent le même jour et à la même heure de la gare de Marseille pour Paris, celui qui arrive d'Espagne paie 28 francs la tonne et celui récolté par exemple à Aubagne 42 fr. 90 ? Et pourtant cela est.

Si l'on s'étonne qu'une Compagnie française ait eu la pensée d'un pareil tarif et le courage de le présenter à l'approbation d'un ministre français, que dire de celui qui n'a pas craint de la donner ? Pendant ce temps, que fait le gouvernement allemand ? Il frappe d'une surtaxe d'importation la denrée étrangère qui voyage sur son réseau.

Si l'on réclame auprès des Compagnies, elles peuvent vous répondre avec le courage de leur égoïsme qu'elles ne sont pas chargées de veiller aux intérêts de l'agriculture, mais simplement à celui de leurs actionnaires, dont les tarifs de pénétration augmentent les dividendes en faisant affluer sur leurs rails des marchandises qui, sans cela, emprunteraient la voie de mer pour se rendre au Havre ou à Rouen et remonteraient même la Seine jusqu'à Paris.

Cette réponse aurait du moins, à défaut d'autre mérite, celui de la franchise. Mais que répondrait le gouvernement? Pense-t-il que le monopole, nécessaire je le veux bien, dont jouissent les Compagnies, ne leur impose aucun devoir? Et ce devoir, si les Compagnies l'oublient, ne lui appartient-il pas de le leur rappeler?

* *

Je ne finirais pas si je voulais compléter la nomenclature de toutes les causes du malaise actuel de l'agriculture. J'ai hâte de terminer, car je crains d'abuser de votre patience; cependant, si vous le permettez, je vous dirai un mot de ce qu'on appelle, en langage de douane, *l'acquit-à-caution à l'équivalent.*

Autrefois, lorsque le régime des traités de commerce et les doctrines du libre-échange n'avaient pas remplacé le régime protecteur qui, avec les sages tempéraments qu'il comportait, avait fait à la fois la fortune du commerce et de l'agriculture française, la denrée étrangère qui entrait en France pour en être réexportée était soumise à ce qu'on appelait *l'entrepôt réel;* c'est-à-dire qu'elle était emmagasinée sous la clef de la douane, soumise à des vérifications fréquentes qui excluaient même la pensée d'une substitution, et, lorsque le détenteur voulait la réexporter, elle ne l'était que sur la surveillance de la douane, ne laissant derrière notre frontière que le bénéfice du négociant et les salaires de ses ouvriers.

Au contraire, aujourd'hui la marchandise n'entre en entrepôt que d'une façon fictive et l'importateur qui l'a prise en échange est déchargé des droits à payer, au moyen d'une sortie de marchandise équivalente, sans constatation réelle d'identité.

Par un exemple pris dans un produit qui nous est familier à tous, il est facile de se rendre compte combien ce système est défavorable à l'agriculture.

Supposons qu'un négociant importe 100 kilogrammes d'huile d'Italie au droit actuel de 20 fr.; il peut les verser dans la consommation en concurrence avec les huiles d'Aix et se faire rembourser ce droit de 20 fr. au moyen de la sortie de 100 kilogrammes d'huile d'Espagne entrée en France au droit de 2 fr., car rien n'assure l'identité de la marchandise, vu les facilités douanières qui sont entrées dans la pratique.

Qui ne voit par là combien la prétendue protection accordée à nos huiles par le droit de 20 francs est illusoire ?

**

Je m'arrête ici, Messieurs, et je crois traduire exactement votre pensée en disant qu'il n'est que temps de nous réveiller, nous agriculteurs, dont le gouvernement a si peu de souci.

Nos intérêts les plus chers sont sacrifiés. Nos droits sont méconnus. Notre devoir est d'élever la voix et de nous défendre. L'avons-nous fait jusqu'ici comme nous le devions ? Je n'hésite pas à répondre non, et je suis certain que, quelque pénible que vous soit cet aveu, vous ne le contredirez pas.

Si nous recherchons la cause de l'abandon dans lequel les pouvoirs publics laissent l'agriculture, cette industrie mère de toutes les autres et dont vivent plus de 23 millions de Français, on la trouve, je crois, dans l'isolement dans lequel nous vivons en quelque sorte à l'égard les uns les autres.

Tandis que le commerce et l'industrie sont groupés en masses compactes, qu'ils s'entendent, que les chambres de commerce, leurs représentants légaux, interviennent toutes les fois qu'une question qui les intéresse vient à surgir, nous sommes, nous, disséminés, émiettés sur la surface du pays et nos intérêts n'ont auprès des pouvoir publics aucune représentation légale.

C'est à l'obtenir que nous devons tendre de toutes nos forces, en réclamant avec énergie et persévérance la création de chambres d'agricultures élues, qui soient l'expression officielle et légale des besoins de l'agriculture, comme les chambres de commerce le sont pour le commerce et l'industrie.

Nos sociétés d'agriculture, nos comices agricoles ne sauraient à aucun titre remplir ce rôle. Réunions savantes et en quelque sorte académiques, elles ne sont presque jamais consultées par le pouvoir et, quand elles élèvent la voix, on peut les éconduire en leur disant qu'elles n'ont reçu aucun mandat officiel pour parler au nom des agriculteurs.

En effet, se recrutant elles-mêmes, elles vivent en quelque sorte à côté de l'agriculture ; elles n'en sortent pas.

A une époque de suffrage universel, pour qu'une réunion agricole ait autorité et prestige, il faut que les masses rurales aient été appelées à la constituer.

C'est sur les larges assises d'un droit de suffrage aussi étendu que possible que devrait être établie la représentation des intérêts agricoles.

L'étude des conditions de l'électorat et de l'éligibilité présenteraient, je ne l'ignore pas, de sérieuses difficultés ; mais la solution de ces problèmes serait du plus vif intérêt, et vous me permettrez d'émettre le vœu qu'une commission soit nommée pour les résoudre et pour provoquer ensuite un mouvement d'opinion en faveur de l'établissement des chambres d'agricultures élues.

*
* *

Est-ce à dire qu'en attendant que satisfaction soit donnée sur ce point aux vœux de l'agriculture, il n'y a rien à faire qu'à attendre tout ce que nous voulons, tout ce qui nous est dû, de la bonne volonté des pouvoirs publics ? Les promoteurs de cette réunion ne l'ont point pensé.

Ils ont soumis à l'examen de votre commission des intérêts agricoles un certain nombre de vœux sur lesquels vous allez être appelés à vous prononcer ; mais, avant qu'ils vous soient soumis, je vous demande la permission d'attirer spécialement votre attention sur les trois suivants qui sont comme le résumé de la situation que nous venons d'examiner ensemble :

1. Demander, par la voie de la presse et par pétitionnement général, que les *traités de commerce* ne soient plus renouvelés ; que, dans tous les cas, les produits agricoles en soient exclus, et que le tarif général soit relevé dans un sens sérieusement protecteur ;

2. Réclamer également la suppression, dans le plus bref délai possible, des *tarifs* dits *de pénétration* et demander qu'à l'avenir

aucune réduction ou faveur quelconque ne puisse être consentie, sur les chemins de fer ou canaux, aux produits étrangers ;

3. Que les *acquits-à-caution à l'équivalent* soient supprimés à brève échéance.

II

Le temps me presse, Messieurs, et je crains vraiment d'abuser de votre bienveillante attention ; permettez-moi cependant de la solliciter encore pour quelques instants.

J'ai avancé, tantôt, que l'honneur de posséder une parcelle du sol de la France imposait de véritables devoirs, et je suis sûr que dans cette assemblée si chrétienne et si française cette affirmation n'a été contredite par personne.

Ces devoirs incombent particulièrement aux propriétaires grands et moyens, qui, nous l'avons vu, possèdent les deux tiers des terres, car c'est parmi eux que se trouvent les hommes les plus instruits et les plus aisés, et partant ceux qui, affranchis du labeur de chaque jour qu'exige la culture, ont plus de loisir pour s'occuper des intérêts généraux du pays.

Je sais, Messieurs, combien ces intérêts et surtout ceux des classes laborieuses ont parmi vous de défenseurs studieux et dévoués : la preuve en est dans ces magnifiques réunions où, depuis deux jours, s'agitent et se résolvent, avec tant d'éclat, de bon sens et de charme, les problèmes si intéressants de la science sociale.

Mais, malgré le zèle et le dévouement de tant d'hommes d'élite, sommes-nous sûrs que tout le possible a été fait et que pour l'agriculture, par exemple, un grand nombre de propriétaires n'aient pas quelques reproches à se faire ?

Nos campagnes appauvries voient-elles aussi souvent qu'il serait désirable les principaux propriétaires les parcourir, les habiter au moins temporairement, et y apporter, avec un souci généreux et éclairé des intérêts moraux et matériels de la commune ou du hameau, l'exemple de cette vie digne et respectée que jadis y menaient nos pères ?

Ces terres de famille, ces domaines des ancêtres sur lesquels
vécurent tant de générations occupées à les maintenir, les amé-
liorer, les accroître, ne sont-ils pas trop souvent comme abandonnés à des mains mercenaires, tandis que les maigres revenus
qu'on leur arrache vont chaque année, sans espoir de retour,
se perdre à la ville pour entretenir le luxe d'un maître oublieux?

Et croyez-vous que ce drainage de revenus ne constitue pas
une des causes de la ruine des campagnes et de leur dépopulation ?

Ce dernier malheur tout le monde le déplore ; vous connaissez
le cliché banal sur l'agriculture qui manque de bras. Que fait-on
pour les lui rendre? Pourtant il est un moyen fort simple et fort
pratique de le faire. Commençons par lui donner les nôtres,
non pas seulement nos bras de chair et d'os, qui chez plusieurs
d'entre nous seraient peut-être inhabiles, faute d'habitude, à
diriger le mancheron de la charrue ou la faux du moissonneur,
mais aussi et surtout ces deux bras dont l'industrie a tiré un si
bon parti, et qui sont l'intelligence et le capital!

Nous verrons alors l'agriculture française reprendre son élan.
Connaissant mieux ses besoins, nous serons plus aptes à la
défendre. Nos voisins, moins favorisés, ne verront plus d'un
œil quelquefois jaloux un domaine plus vaste, plus riche que le
leur, quand ils se rendront compte que les loisirs qu'il donne à
son propriétaire sont utilement employés à l'étude des questions
qui les intéressent eux-mêmes.

Le séjour d'une famille riche ou simplement aisée répand toujours un certain bien-être autour d'elle, et l'on sait quelle part
a l'intérêt dans les sentiments et l'opinion des hommes.

Voyez la différence qui se remarqua dans les mouvements
populaires du dernier siècle entre les provinces où résidaient les
propriétaires principaux et celles où l'absentéisme les avait rendus
comme étrangers.

Demandez-vous si la Bretagne et la Vendée ne durent pas
l'admirable élan de foi et de fidélité qui a fait leur gloire à la
présence de leurs gentilshommes qu'une noble pauvreté éloignait
des splendeurs de Versailles.

Je m'arrête sur ce souvenir. Puisse-t-il inspirer à nous tous qui sommes ici le désir de nous occuper plus sérieusement, plus affectueusement dirai-je, de nos biens ruraux et de ceux qui les cultivent, et puisse cette réunion, qui va bientôt se disperser, être comme l'aurore d'une nouvelle et heureuse révolution, ramenant enfin dans notre chère France la vraie liberté, la concorde et la paix, sous le regard de Dieu qu'on a voulu chasser de notre sol et de nos lois, et qui doit y régner en maître !

Les vœux suivants sont adoptés :

VŒUX RELATIFS A L'AGRICULTURE

L'Assemblée émet le vœu :

I. — Que le vinage à droit réduit continue à être interdit ; que les vins soient taxés au degré ; que le privilège des bouilleurs de crû soit maintenu ;

II. — Que le produit des droits de douane à imposer sur les produits agricoles étrangers soit appliqué à dégrever l'agriculture ;

III. — Que les impôts soient revisés dans le sens de l'égalité en face de l'impôt des propriétés mobilières et de la propriété rurale, cette dernière étant grevée de 30 à 40 o/o, tandis que la propriété mobilière paie à peine 8 o/o ;

IV.— Que le cadastre soit revisé au point de vue graphique tous les quarante ou cinquante ans et que les notaires soient chargés, sous leur responsabilité, de faire effectuer les mutations qui résultent des actes reçus par eux, afin que le cadastre puisse être vraiment l'état civil régulier de la propriété ;

V.— Que les communes recouvrent leur autonomie dans la gestion de leurs intérêts et qu'on restitue aux plus forts imposés le droit de voter les impôts et emprunts communaux ;

VI. — Que la loi sur les syndicats agricoles leur permette de constituer à leur profit un patrimoine commun, destiné à des secours ou des prêts, de préférence en nature, à leurs adhérents ;

VII. — Que le régime successoral soit amendé dans le sens d'une extension très modérée de la quotité disponible ;

VIII. — Que l'article 832 du code civil soit modifié dans un sens prohibitif du morcellement des héritages, pour réduire, dans certains cas, la faculté qui appartient à chaque héritier d'exiger la part proportionnelle de chaque nature de valeur dans la composition de son lot (1).

M. Avril, commerçant à Aix, fait observer que le commerce ne saurait s'associer à plusieurs des vœux qui viennent d'être adoptés. Acte lui est donné de ses réserves.

La séance est suspendue pendant un quart d'heure.

(1) Aux vœux qui précèdent, il convient d'ajouter les suivants qui se trouvent formulés dans le rapport de la Commission (*Voir ci-dessus*) :

1° Demander, par la voix de la presse et par pétitionnement général, que les traités de commerce ne soient plus renouvelés ; que, dans tous les cas, les produits agricoles en soient exclus, et que le tarif général soit relevé dans un sens sérieusement protecteur ;

2° Réclamer également la suppression, dans le plus bref délai possible, des tarifs dits de pénétration, et demander qu'à l'avenir aucune réduction ou faveur quelconque ne puisse être consentie, sur les chemins de fer ou canaux, aux produits étrangers ;

3° Demander que les acquits-à-caution soient supprimés à brève échéance.

Il faut signaler enfin ce dernier vœu contenu dans le rapport :

Qu'une commission soit nommée pour résoudre les difficultés que présentent les conditions d'électorat et d'éligibilité relatives à la *représentation des intérêts agricoles* et pour provoquer un mouvement d'opinion en faveur de l'établissement des *chambres d'agriculture* élues.

SÉANCE DE CLOTURE

La séance est reprise à 5 heures, sous la présidence de M. le colonel de L'Eglise.

La lecture des rapports et des vœux présentés par les diverses commissions ayant été achevée, l'ordre du jour appelait le discours de clôture.

Le Comité d'initiative avait prié M. le comte de Mun de vouloir bien venir à Aix pour le prononcer. Mais le grand orateur ne put se rendre à ce désir et fut remplacé par M. de Marolles, ancien magistrat et l'un des principaux membres du Comité formé à Paris pour la concentration du mouvement des assemblées provinciales.

DISCOURS DE M. DE MAROLLES

MESSIEURS,

Il y a cent ans, les États-Généraux s'ouvraient à Versailles par une grande cérémonie religieuse où le Roi, entouré de la Noblesse, du Clergé, du Tiers-État, de la représentation entière de la Nation, préludait aux grandes réformes qui devaient répondre aux aspirations du pays.

De cette imposante cérémonie rapprochez le tableau mesquin de la cérémonie commémorative tenue hier à Versailles, présidée par M. Carnot, au milieu de personnages officiels, dans ce même palais de Versailles qui semble les écraser de sa grandeur.

M. Carnot est venu là pour célébrer les hommes et les principes de la Révolution. C'est à ces hommes, c'est à ces principes qu'il attribue le mérite des conquêtes de l'esprit humain et des progrès modernes.

« Condamnée à soutenir contre l'ancien monde une lutte « gigantesque, la France a traversé des temps douloureux où « tous les partis ont nécessairement cédé à des entrainements à « jamais regrettables. Elle n'a pas dévié de la voie qui, dès la « première heure, lui fut tracée par les hommes de 89. Consti- « tuante, Législative, Convention, autant de relais sur la route « du progrès. »

Tels sont, suivant M. Carnot, les auteurs de la puissance et de la prospérité actuelle de la France ; tels sont ceux que le Centenaire a pour but de glorifier.

M. Carnot est un *descendant*. Il fait l'éloge de ses ancêtres. Nous avons lieu de croire que ce langage s'écarte sensiblement de la vérité. *(Approbation.)*

Quelle était la mission des Etats-Généraux ? Présenter au Roi les *cahiers* des doléances et des vœux de la nation ; travailler aux réformes nécessaires. Du jour où, se transformant en assemblée unique, ils ont eu la prétention de fonder sur de nouvelles bases une constitution tout d'une pièce, ils avaient outrepassé leur mandat ; la Révolution était faite ! *(Applaudissements.)*

I

La *Déclaration des droits de l'homme*, telle est l'œuvre capitale de la Constituante. De là découlent les principes qui ont réglé la société moderne ; examinons quelles ont été les conséquences de ces principes.

Au point de vue religieux d'abord, exlusion absolue de l'idée de Dieu dans les affaires humaines, sécularisation de la société. De l'exclusion à la persécution la voie est directe. Plus de manifestations extérieures du culte, le prêtre relégué dans son ministère privé, la religion bannie des lois, et comme l'association pour vivre en commun sous une règle spirituelle peut devenir une puissance dans l'Etat, prohibition des congrégations religieuses.

L'enseignement de l'enfance, sous prétexte de neutralité, doit être exclusif de toute morale relevée : l'Etat est laïque, l'enseignement doit être laïque. Il semble que la Révolution prenne à tâche de tuer cette jeune âme, comme la Convention avait fait mourir lentement l'enfant de France, Louis XVII. L'instituteur, quelle que soit sa bonne foi personnelle, est officiellement investi du rôle du misérable Simon, pour étioler l'âme et par suite le corps de l'enfant du peuple. *(Applaudissements répétés.)*

La famille n'existe plus qu'au point de vue de la continuité de la race. Le mariage est un contrat civil, résiliable comme les autres contrats : la loi humaine intervient en maîtresse dans les questions matrimoniales qui sont du domaine de la conscience, et le ministre des cultes est puni de la prison s'il ne subordonne pas la bénédiction nuptiale aux exigeances de l'Etat. Le principe d'égalité absolue entraine le partage forcé et égal entre les enfants, égaux eux-mêmes à leur père en vertu du droit de suffrage. Ainsi sont brisés les liens de famille et le respect de l'autorité paternelle : ainsi est détruit le foyer domestique.

Si du gouvernement de la famille nous passons au gouvernement de l'Etat, nous voyons, d'après la Déclaration, « que le principe de toute souveraineté réside essentiellement dans la nation, que la loi est la seule limite de la liberté humaine, et que la loi est l'expression de la volonté générale. » Donc, toute autorité, tout pouvoir, partant toute morale et toute justice, dérivent du nombre, et, comme le nombre ne peut s'exprimer que par l'élection, c'est aux délégués du suffrage qu'est déférée l'absolue souveraineté, la souveraineté irresponsable et incompétente qui caractérise le régime du parlementarisme.

Tout est fondé sur l'élection. L'administration dégénère en bureaucratie. Les dépenses de l'Etat ne sont que des dépenses électorales. Tel est le secret de l'incroyable extension des budgets, de ces déficits menaçants, sans cesse accrus, toujours masqués par des artifices de trésorerie.

Les magistrats ne sont plus que des fonctionnaires de l'État, d'autant plus dignes de faveurs et d'avancement qu'ils seront plus dociles aux ordres du pouvoir.

En matière économique, la règle c'est la liberté du travail, la liberté de la concurrence : c'est le *laissez faire*, *laissez passer*. En conséquence, entre producteurs lutte incessante, par tous les moyens, pour produire le plus possible et au meilleur marché possible : entre patrons et ouvriers, divergence d'intérêts, le travail manuel étant considéré comme une marchandise ayant un cours variable suivant les besoins de l'offre et de la demande : intensité sans limites donnée à l'activité humaine ; travail sans trêve ni repos ; contestations sur le salaire ; grèves, désordres et chômages ; la lutte entre patrons, la lutte de patrons à ouvriers, la lutte entre ouvriers : le triomphe pour le plus fort ; nulle protection légale, l'écrasement des faibles. (*Applaud.*)

Le même résultat se produit pour le commerce, pour l'agriculture. Au nom de la liberté, le monde est un vaste marché où les produits s'échangent : pas de protection, sous prétexte de favoriser les bas prix des consommations ; spéculation effrénée, jeu sur les denrées commerciales, jeu sur les denrées agricoles ; et, si l'étranger produit à meilleur compte, défaite irrémédiable de la protection française. Là encore la lutte, toujours la lutte.

Tels sont, Messieurs, les résultats vrais, incontestables des principes posés par la Déclaration des Droits de l'homme.

Négation de toute autorité supérieure à l'agglomération humaine, scepticisme, persécution. Affirmation de la souveraineté du nombre. Aboutissement au triomphe de la force sur la faiblesse. Tout par l'argent, tout pour l'argent ; le matérialisme le plus abject ; la recherche de la jouissance matérielle ; l'abandon des traditions ; le dépeuplement des campagnes ; l'appauvrissement du sang, de la race et du sol.

En pareil état, la France est une proie facile à conquérir pour les ennemis qui la convoitent. *(Applaudissements.)*

II

Voilà, Messieurs, un triste et pénible tableau. Est-il poussé au noir ? La France est-elle perdue ?

Ah ! permettez-moi d'opposer à ces douloureuses images de plus consolantes perspectives.

Voici que, prévoyant les maux qui la menacent, la grande nation a compris qu'il fallait renoncer aux fausses théories qui ont cours depuis cent ans. L'esprit d'individualisme, issu de la Révolution, a fait place au sentiment que le groupement des intérêts est la vraie manière de mettre en œuvre la puissance de l'association.

De toutes parts, les intérêts similaires se rapprochent et se coordonnent. Il se forme des associations professionnelles d'arts et métiers, des syndicats agricoles, des syndicats industriels, des syndicats commerciaux. L'intérêt du patron et celui de l'ouvrier redeviennent solidaires. A l'usine, à l'atelier il s'établit un lien intime entre celui qui détient le capital et celui qui façonne la matière. Les petits commerçants s'associent pour arrêter l'essor indéfini des grands magasins. Le propriétaire, le fermier, l'ouvrier des champs s'associent pour se défendre contre la concurrence étrangère.

Alors ces intérêts groupés se sentent en force pour réclamer une représentation efficace dans la direction des affaires publiques. Cette représentation, ils la veulent près d'eux, à la commune d'abord, au canton ensuite, puis à la province. A la province, parce que l'esprit provincial si fécond et si durable a survécu aux systèmes factices des divisions administratives. Malgré les préfets et les départements, on est encore Breton, Bourguignon ou Provençal, ce qui ne rend que plus chère la patrie, quand il s'agit de la défendre. *(Applaudissements.)*

Oh! ma chère ville de Paris, toi à qui j'appartiens par ma famille, par mes intérêts personnels, je ne viens pas ici porter atteinte à ta grandeur. En saluant le réveil de la vie provinciale, en réagissant contre les excès de la centralisation, c'est ta prospérité même que je crois défendre. Je t'aime comme une tête digne de porter une couronne, mais je ne te veux pas comme un ventre qui absorbe la substance de tes enfants! (*Applaudissements.*)

Cette représentation des intérêts à la province est la base de la représentation nationale. Alors au régime parlementaire qui crée l'irresponsabilité et l'incompétence du pouvoir, à cette souveraineté partagée entre six ou sept cents personnages préoccupés surtout de leurs intérêts et de leurs passions, succède le régime vraiment représentatif où les mandataires travaillent pour les mandants et non pour eux-mêmes.

Alors s'impose la nécessité d'établir la souveraineté sur ses bases traditionnelles et historiques, et de sortir de ce provisoire indéfini qui oscille sans cesse entre le despotisme de quelques-uns ou le despotisme d'un seul. (*Applaudissements.*)

De ce pouvoir stable et placé au-dessus des compétitions des partis découle tout un ensemble d'institutions protectrices et de lois salutaires.

Aux préoccupations politiques et électorales succède une réelle sollicitude pour les intérêts nationaux, et la production du sol et du travail de la France est protégée contre l'invasion étrangère.

Sans craindre de faire du socialisme d'État, le pouvoir comprend la fécondité de l'association et favorise les groupements professionnels. Syndicats ou corporations jouissent de la plénitude de leurs droits et voient prospérer les institutions moralisatrices et économiques, gages de paix entre patrons et ouvriers, garanties assurées contre les éventualités du travail, de la maladie et de la vieillesse. La famille ouvrière voit se relever la dignité du foyer domestique et peut jouir, pendant les jours consacrés au repos et à la prière, du fruit du labeur quotidien; le travail, mieux organisé, perd de son intensité et l'équilibre se rétablit entre la production et la consommation.

Alors les finances ne sont plus le jouet des compétitions électorales ; la magistrature rendue à la vie provinciale n'est plus une carrière ouverte à l'ambition et favorable aux actes de servilité.

Alors le service militaire obligatoire pour tous ne devient plus un thème aux déclamations égalitaires, et le prêtre est rendu à ses sublimes fonctions près du soldat.

Alors la nécessité s'impose de rétablir la famille sur l'inviolabilité et la sainteté du mariage, sur l'intégrité et la conservation du foyer domestique, sur le respect de l'autorité paternelle et sur la protection de la jeune fille.

Enfin, comme la religion est la meilleure sauvegarde contre les passions subversives, l'Église est rétablie dans ses droits indestructibles d'enseignement et de liberté. La France donne aux autres nations l'exemple de la déférence envers le Souverain Pontife, et le reconnaît comme arbitre dans les différends internationaux. Elle convie les peuples chrétiens à placer le chef de la chrétienté dans des conditions d'indépendance qui ne livrent pas sa personne et son autorité suprême au caprice d'un souverain quelconque ; et si les peuples chrétiens paraissent hésiter, la France se sent assez forte pour mener à bonne fin l'entreprise à elle seule. *(Applaudissements répétés.)*

Je m'arrête, Messieurs. Le tableau que je viens de tracer est la synthèse des vœux que vous avez formulés pendant ces grandes journées de travail.

Est-il une œuvre de pure imagination, et ne vous est-il pas permis de concevoir l'espérance de sa réalisation, au milieu de ce réveil de l'esprit provincial qui se manifeste par des assemblées du genre de celle-ci, du nord au sud, de l'est à l'ouest de la France ?

De plus, il est un élément avec lequel nous avons le droit de compter : c'est l'élément surnaturel, c'est-à-dire l'action de la divine Providence.

Le surnaturel ! Mais, en dépit des railleries de l'incrédulité, le surnaturel domine l'histoire de notre patrie : c'est le surnaturel qui a fait la France !

Sans doute la confiance en Dieu, l'attente du surnaturel ne suffit pas. Mais les œuvres abondent et les prières s'élèvent.

Espérance, oui, tel est le dernier mot de cette journée. Laissez-moi, Messieurs, vous le redire encore ce mot qui console, qui fortifie, ce mot qui est pour nous le présage de la résurrection de la France. *(Triple salve d'applaudissements.)*

Aussitôt après ce discours, M. le Président déclare que, d'accord avec le bureau et pour se conformer au désir exprimé plusieurs fois pendant le cours de l'Assemblée, il va mettre aux voix la formation d'une commission permanente chargée de poursuivre le mouvement entrepris et celle d'une délégation à l'Assemblée qui va s'ouvrir à Paris pour fondre en un seul texte les cahiers adoptés dans les diverses provinces. M. le Président propose de confier cette double mission aux diverses personnes envers lesquelles l'Assemblée a déjà témoigné sa confiance en leur donnant une charge soit au bureau, soit dans les commissions.

L'Assemblée, approuvant la proposition de M. le Président, adopte les résolutions suivantes :

I

L'Assemblée de Provence, reconnaissant la nécessité de continuer son œuvre et résolue à poursuivre la réalisation de ses vœux, déclare constituer en commission permanente les membres de son bureau, les présidents et rapporteurs de ses commissions et leur donne mission expresse.

1° De provoquer un mouvement d'adhésion en faveur de l'établissement de quatre chambres provinciales pour le groupement et la défense des intérêts religieux et moraux, — des intérêts publics, — des intérêts industriels et commerciaux, — des intérêts agricoles ;

2° De préparer l'étude des questions relatives à leur organisation ;

3° De convoquer les adhérents en assemblée provinciale, à l'effet d'arrêter le plan d'organisation préalablement élaboré et de constituer les quatre chambres.

II

L'Assemblée, exprimant son désir d'être représentée à l'Assemblée des Délégués des Assemblées provinciales qui doit être tenue à Paris, au mois de juin, dans le but de rechercher et d'établir la concordance entre les cahiers de 1889, déclare confier la charge d'y porter le cahier de ses vœux aux membres de son bureau, aux présidents et rapporteurs de ses commissions et, à défaut de l'un ou plusieurs d'entre eux, à toute personne qui, ayant participé à ses travaux ou à ceux de l'enquête préparatoire, sera dûment présentée par les membres de la délégation.

Les travaux de l'Assemblée étant terminés, M. le Président la remercie de nouveau de l'honneur dont il a été l'objet avec les autres membres du bureau ; il la félicite d'avoir mené sa tâche à bonne fin et, lui donnant rendez-vous pour une date prochaine, lève la séance.

L'Assemblée applaudit chaleureusement ces paroles et se retire à 6 heures.

BANQUET

PRÈS la séance de clôture, plusieurs membres de l'Assemblée se trouvèrent encore une fois réunis au banquet organisé par le Comité d'initiative.

Ce banquet eut lieu à 7 heures et demie du soir, dans la grande salle de l'ancien hôtel de l'Intendance, décorée comme la veille. Cent soixante convives y prirent part ; la table d'honneur, élevée sur une estrade, avait été réservée aux membres du bureau et à quelques notabilités.

Les sept toasts suivants furent successivement prononcés :

TOAST DE M. LE COLONEL DE L'ÉGLISE

Au Saint-Père

Messieurs,

Dans tous les banquets comme celui qui nous réunit aujourd'hui, il est un vieil usage auquel nous devons rester fidèles : c'est de porter des toasts à ceux que nous aimons et honorons le plus.

Depuis deux jours, nous avons ensemble cherché la solution de questions sociales importantes, et cette recherche nous ne l'avons faite qu'en suivant exactement les enseignements de notre sainte mère l'Église catholique. A qui donc devons-nous, en ce moment, donner un témoignage de notre amour, de notre respect, de notre reconnaissance, si ce n'est au Chef vénéré de cette Église, au Vicaire de Jésus-Christ? Je vous propose donc un toast au Saint-Père, à Léon XIII, au Pape-Roi ! *(Bravos.)*

Ce n'est pas, cependant, sans un profond sentiment de tristesse que je vous propose moi-même ce toast. Ancien soldat de 1859, je ne puis oublier que c'est précisément grâce aux succès de l'armée française en Italie, que la politique de notre gouvernement d'alors, inspirée exclusivement par les idées révolutionnaires, a été l'agent direct des persécutions qui ont amené successivement le Saint-Père à la situation déplorable dans laquelle il se trouve à cette heure.

On pourrait croire, Messieurs, que le Pape, victime de cette politique néfaste, en ressent contre la France une légitime irritation. Eh bien, non !

Doux et bon comme le Divin Maitre qu'il représente au milieu de nous, le magnanime Léon XIII sait distinguer entre les sectaires et le vrai peuple français ; malgré tout, la France reste toujours pour lui la fille ainée de l'Eglise, et les Français sont ceux de ses enfants qu'il chérit le plus. *(Applaudissements.)*

Nous l'avons bien vu par l'accueil tout particulièrement affectueux que le Saint-Père a fait aux pèlerins de France, surtout à ceux de l'Œuvre des Cercles catholiques d'Ouvriers, lors de cette démonstration universelle faite à l'occasion de son jubilé. Notre pèlerinage l'a tellement touché, qu'il a manifesté le désir d'en voir bientôt un second, plus nombreux encore. Nous le lui avons promis ; nous devons tenir parole.

Un grand mouvement s'opère, à cet effet, dans tout le pays, sous la direction de notre ami M. Harmel, dont le nom est connu de tous, et avec la protection des évêques de France. Prenons-y part, Messieurs, autant que nous le pouvons et permettez-moi d'espérer qu'avant peu nous serons tous réunis autour du trône de Léon XIII et que nous répéterons là, ensemble, ce cri que nous poussons aujourd'hui du fond de nos cœurs : Vive le Saint-Père ! Vive Léon XIII ! Vive le Pape-Roi ! *(Applaudissements et bravos.)*

TOAST DE M. LE CHANOINE MARBOT

A M. le Comte de Mun

Messieurs,

Il appartient à un prêtre de remercier M. le Président du
toast chaleureux qu'il vient de porter au Souverain Pontife, au
grand et vénéré Léon XIII. Nous ne l'avons pas acclamé sans
une vive émotion, et nous avons tous senti ce qu'un seul a si
noblement dit en notre nom commun. — Pourquoi craindrais-je
de l'ajouter ? Aux doléances que formule à cette heure la
France qui ne renie point son passé. s'ajoute, dans le secret de
nos cœurs, le regret de ne plus pouvoir saluer l'épée de la
France aux portes du Vatican ! Mais il suffirait heureusement
de vous connaître et de vous entendre, mon colonel. pour se
souvenir qu'en France les épées qui rentrent dans le fourreau ne
se rouillent pas. *(Applaudissements.)*

Messieurs, puisqu'une noble épée vient de s'incliner devant
le souverain et suprême sacerdoce, permettez que le sacerdoce
à son tour s'incline devant une autre épée.

Il y a ici un nom qui vole sur toutes les lèvres, le nom d'un
vaillant qui semble n'avoir, lui aussi, déposé les armes que pour
mieux manier le glaive de la parole dans nos grandes assemblées
et prendre en main le drapeau menacé de la société catholique :
j'ai nommé M. le comte Albert de Mun ! *(Acclamations.)*

C'est lui, Messieurs, qui est le promoteur de ces Etats offi-
cieux réunis d'un bout à l'autre de la France.

Le succès qui couronne une telle initiative suffirait à immor-
taliser un homme. Mais, ne vous y trompez pas, l'histoire accla-
mera le nom d'Albert de Mun beaucoup moins pour ce succès
que pour les vertus viriles qui ont préparé ce splendide résultat.

Oui, Messieurs. si la postérité doit un jour honorer les intelligences qui. au milieu des nuages actuels, auront cherché la

lumière éclairant les peuples en Dieu son unique source, le nom d'Albert de Mun est acquis à l'histoire.

Si la postérité doit un jour honorer les cœurs généreux qui, à l'encontre des égoïsmes et des étroitesses de ce temps, auront rêvé de se dépenser pour les ouvriers, de rapprocher les classes de la société, de faire cesser les préjugés qui tombent quand on se connait mieux, le nom d'Albert de Mun est acquis à l'histoire. *Applaudissements.*

Si la postérité doit un jour honorer les volontés énergiques qui, à ces heures d'amollissement et d'anémie, seront restées inébranlables dans leurs efforts, indomptables dans leur courage, le nom d'Albert de Mun est acquis à l'histoire.

C'est pourquoi, Messieurs, en vous proposant de boire à la santé de M. le comte Albert de Mun, je salue et j'acclame un vrai Français et un vrai chrétien, c'est-à-dire un caractère. (*Applaudissements.*)

TOAST DE M. SYLVIUS DAVID

A la France

MESSIEURS,

Pourquoi ces applaudissements, sinon comme un dernier écho de votre enthousiasme pour l'admirable discours que vous venez d'entendre ?

Il est beau de voir l'un des premiers orateurs de ce temps salué par l'éloquence même.

Honneur à celui qui a fait passer sur vous le frisson oratoire, en évoquant une figure noble entre toutes! Honneur à ce tribun célébrant un tribun, à ce missionnaire exaltant un missionnaire!

Que mon premier vœu soit pour l'éloquent charmeur, M. le chanoine Marbot! (*Applaudissements répétés.*)

Il nous a parlé, — comme il sait parler, — de notre chef, d'Albert de Mun, dont la présence eût été la splendeur de cette réunion.

Il nous a dit en quelques mots sa vie *historique*. Belle et simple vie! Albert de Mun se consacra au pays sur le champ de bataille, puis dépouilla la cuirasse. Mais il n'a pas abdiqué son ancienne profession d'armes. Son œuvre sociale, l'œuvre des Cercles, c'est la *cavalerie de réserve* de l'avenir, celle qui donnera, sous l'étendard des revendications régénératrices, pendant la mêlée suprême précédant la victoire définitive.

Là aussi il faudra que des cœurs de héros battent en des poitrines bardées d'acier! Et ce jour-là, de Mun restera ce qu'il fut dans les luttes antérieures, chevalier autant que novateur, apôtre plébéien demeuré fils des preux! (*Applaudissements.*)

Comme la transition est facile de cet ardent et vrai patriote au sujet patriotique qui me vaut la parole!

Ah! la Patrie! Ah! notre France! Quels vœux ne ferions-nous pas pour elle, et comment cette solennité, patriotique entre toutes, qui nous réunit, ne marquerait-elle pas une large effusion d'amour pour notre mère commune!

La France! Devant elle les partis désarment, les haines s'apaisent, les mains se serrent. L'étreinte de la réconciliation devient spontanée. Car, ainsi que l'exprimait si bien, hier, une grande pensée venue d'un grand cœur : « Il n'y a pas « la France du Passé », il n'y a pas « la France de l'Avenir », il y a : la France! » (1). (*Applaudissements et bravos.*)

Donc, je bois à la France, — à la France du Centenaire, — c'est-à-dire à ces pléiades bienfaisantes d'hommes d'élite qui, sur toute la surface du territoire, agitent, comme vous l'avez fait, parmi les fièvres des enthousiasmes et dans la tempête des applaudissements (2), les grandes et vitales questions des intérêts publics, suivant en cela l'exemple des glorieux ancêtres, et assurant, par les progrès sagement réalisés, non moins que par les traditions pieusement gardées, la prospérité et la grandeur prépondérantes de notre pays devant le monde! (*Applaudissements.*)

(1) M. Boissard, dans l'allocution d'ouverture.

(2) Allusion aux admirables rapports, plus particulièrement applaudis, de M. l'amiral Rallier du Baty et de M. Jauffret.

Je bois à la France, c'est-à-dire au peuple, — au peuple, cette chair musculaire du corps national! Au peuple des paysans, gardiens de la terre et des coutumes, nourriciers de leurs frères! — Au peuple des ouvriers, intelligents et fiers citoyens de nos villes, artisans obstinés des triomphes de notre industrie! — Au peuple des soldats, dont l'héroïsme a violenté l'histoire et forcé son admiration jusque dans les horreurs des défaites indicibles!

Jeunes gens, c'est surtout en votre nom que je parle. Joignez-vous à moi. Acclamons la France par un grand cri. A elle nos labeurs! A elle nos espoirs! A elle, le sacrifice le commande, notre cœur tout entier, dût notre cœur s'ouvrir par une plaie béante, et s'épancher notre jeune vie pour la défense du drapeau! (*Acclamations.*)

A la France! A la grande, à la belle, à la douce France! A l'impérissable France! A celle dont un grand pape a dit qu'elle était nécessaire au monde! A la France dont le génie est fait de raison, de justice et de foi! dont l'unité doit être faite de vivantes et fécondes autonomies! dont l'esprit pondéré, ramené aux saines doctrines, instruit par les châtiments providentiels, sera derechef le centre de gravité du globe pensant et agissant! A la France pionnier infatigable des civilisations, champion invincible des justes causes, missionnaire universelle! A la France exécutrice des gestes de Dieu, dont le nom seul veut dire Liberté, que le Christ aime et sur l'épaule filiale de laquelle s'appuie l'Eglise-mère! A la France, enfin, pays d'adoption de toutes les natures d'élite, ce qui faisait dire à un poète patriote, dans un élan d'admirable lyrisme :

> Ta gloire! Oh! puisse-t-elle aux époques prochaines
> Croitre, en s'affermissant, comme croissent les chênes,
> Offrir l'abri superbe et l'ombre de son front,
> Nation maternelle, aux peuples qui naitront,
> Afin qu'on dise un jour, selon mon espérance :
> Tout homme a deux pays, le sien, et puis la France!

Messieurs, à plein verre, à pleine poitrine, à plein cœur, une fois encore je bois à la Patrie, je bois à la France!

Vive la France! (*Tonnerre d'applaudissements.*)

TOAST DE M. CHARLES DE MONLÉON

A la Provence

MESSIEURS,

Je bois à la Provence. J'allais dire à la résurrection de la Provence, mais, en promenant mes yeux sur cette assemblée, je me souviens à propos que la Provence n'est pas morte. Sans doute elle est rayée du vocabulaire administratif; mais ce n'est pas une maladie mortelle ; avec des soins on en guérit. (*Rires et appl.*)

Je bois à la Provence baptisée par Lazare, à la Provence conquise par la famille amie de Jésus-Christ ; à la Provence terre de saints et de héros, pays de marins aventureux, de soldats intrépides, de laboureurs infatigables et, jadis, de familles séculaires; pays de Romée de Villeneuve, de Palamède de Forbin, de Crillon et de tant d'autres ; à la Provence l'un des plus beaux joyaux de la couronne de France. (*Bravos.*)

Qui nous dira la destinée des *mots* à travers l'histoire ? Provence, province ! Comment ce vocable de servitude à Rome est-il devenu, parmi nos coutumes chrétiennes, l'un des synonymes de la liberté ?

Les provinces ont constitué la liberté de la France, comme la Maison de France a créé son unité. — L'Ancien Régime a porté atteinte à l'autonomie des provinces et aussitôt notre décadence a commencé. — La Révolution a détruit les provinces et nous sommes tombés dans l'abime.

Cet abime autour duquel nous demeurons, sachons le regarder en face ; pour guérir le mal il en faut connaître les sources.

Aujourd'hui la France se reprend à ses vieilles franchises et aussitôt ses provinces lui reviennent en mémoire.

Devant vous, Messieurs, on ne niera pas que la Provence soit prête à reprendre ses fonctions, son rang, sa vieille loyauté dans ce merveilleux ordre social qui s'est appelé dans le passé, qui s'appellera dans l'avenir : *Gesta Dei per Francos*. Messieurs, à la Provence ! (*Applaudissements et bravos.*)

A. P.   15

TOAST DE M. DE MAROLLES

A la Presse

MESSIEURS.

Je bois à une des grandes puissances du jour : A la presse !

A la presse, cet instrument de bien ou de mal, suivant la main qui la dirige ;

A la presse, qui va porter aux quatre coins de la France les échos de cette mémorable assemblée ;

A vous, Messieurs, que je puis appeler mes confrères, car je suis de la famille !

Dites et redites ce que vous avez vu ici : le réveil de la vie provinciale à l'encontre d'une centralisation à outrance ; la revendication des droits de Dieu méconnus par les prétendus droits de l'homme ; le groupement des intérêts dont la représentation sincère doit prendre la place de la souveraineté parlementaire. (*Applaudissements.*)

A vous surtout, Messieurs, qui représentez ici la vaillante phalange des écrivains catholiques.

J'appartiens à une association de presse qui a pris pour devise : *Cruce et calamo :* par la Croix et par la plume !

C'est bien ainsi, Messieurs, que vous comprenez cette grande lutte à laquelle vous avez consacré votre vie.

Par la Croix ! C'est au nom du Christ que vous combattez. Vous arborez fièrement le drapeau, et vous marchez, prêts à tout souffrir, car ce n'est pas impunément que l'on porte la Croix de Notre-Seigneur Jésus-Christ.

Par la plume ! C'est votre arme. C'est la pointe acérée comme la baïonnette de la sentinelle avancée qui crie : « On ne passe pas ! » (*Applaudissements.*)

A la Presse, Messieurs ! Avec la Croix, par la plume, pour le Christ ! (*Applaudissements unanimes.*)

TOAST DE M. CHARLES GARNIER

A la Ville d'Aix

MESSIEURS,

Le rôle de la presse serait d'écouter et, dans des circonstances comme celles-ci, il y aurait tout profit pour elle à s'y tenir. Mais, quand elle est l'objet d'un accueil aussi flatteur, elle a le devoir d'exprimer sa reconnaissance à l'Assemblée, à ses organisateurs et à l'orateur bienveillant que nous venons d'entendre. Je le fais au nom des journaux ici représentés, et j'ai qualité pour le faire particulièrement au nom du plus ancien organe catholique et royaliste de la Provence (1). (*Applaud.*)

Mais il me semble, Messieurs, que je n'aurais pas rempli mon devoir, et que peut-être n'auriez-vous pas vous-mêmes terminé votre tâche, si nous n'adressions pas des remerciements à la ville d'Aix pour son hospitalité, à l'élite de ses citoyens qui sont ici nombreux, au vénérable pasteur qui occupe si dignement le siège de tant d'illustres évêques. Les événements lui ont enlevé, momentanément peut-être, sa couronne de capitale de province ; mais ils n'ont pu faire qu'elle cessât d'être, comme par le passé, un foyer intellectuel. Ces deux journées démontrent que les idées justes y ont aujourd'hui d'éloquents défenseurs, comme les idées malsaines furent, dans le passé, propagées par quelques-uns de ses enfants.

Le plus célèbre des Aixois, un génie malfaisant, a dit en mourant que les factieux se disputeraient les lambeaux de la Monarchie.

Il aurait pu dire : de la société. (*Approbation.*)

Ces lambeaux sont encore dispersés.

---

(1) La *Gazette du Midi*, fondée en 1830 et dont M. Charles Garnier est rédacteur en chef. — Le représentant d'un autre grand journal, M. Rastoul, rédacteur de l'*Univers*, qui a bien voulu suivre toutes les séances de l'Assemblée et en donner de remarquables comptes rendus, assistait aussi au banquet.

On les recueille pieusement et peu à peu. Chacun des vœux émis hier et aujourd'hui me représente un de ces lambeaux. Quand ils seront réunis, ce sera l'œuvre d'un gouvernement réparateur d'utiliser ces matériaux pour la reconstitution de la société.

Mais ne nous flattons pas, Messieurs, qu'aucun gouvernement, quelle que soit sa bonne volonté, réalise tous ces vœux, même dans un avenir un peu éloigné. Eussions-nous le gouvernement tel que le désire chacun de nous, il devra se tenir à distance de l'idéal. Le meilleur gouvernement est obligé de compter avec les préjugés. Mais il aura à tirer de l'ensemble des vœux un minimum de réformes pratiques et, en tous cas, ce qu'il ne pourra nous refuser, ce qu'il ne nous refusera pas et ce qui est le fonds de tous les programmes de réformes, c'est la liberté.

Je bois, Messieurs, à la ville d'Aix gardienne de l'idée de décentralisation, à la ville d'Aix siège futur d'une nouvelle Assemblée des Etats de Provence au complet. (*Appl. répétés.*)

TOAST DE M. L'ABBÉ BARNAVE

Aux Provinces

Messieurs,

L'orateur illustre, le soldat apôtre, dont on vous parlait tout à l'heure, M. de Mun, disait aux membres de l'Assemblée de Romans, dont j'avais l'honneur de faire partie : « J'apporte le salut de la terre de Duguesclin à la terre de Bayard. »

Laissez-moi vous dire à mon tour, Messieurs :

J'apporte le salut de la terre de Bayard à la terre des Crillon, des Forbin et des Suffren ! (*Bravos et applaudissements.*)

Je bois à la Bretagne, au Dauphiné, à la Provence et à toutes les provinces de France, avec le désir de les voir se resserrer de plus en plus étroitement entre elles et autour de la patrie

commune, dans le sein de laquelle elles doivent vivre et se
mouvoir librement, unies mais non confondues, semblables à
ces sœurs dont parle le poète, qui ont chacune des traits de phy-
sionomie distincte, mais dont on reconnaît la commune parenté :

> ... Facies non omnibus una
> Nec diversa tamen, qualem decet esse sororum.

Et si vous me le permettez, Messieurs, pour entrer encore
davantage dans une des grandes pensées qui ont présidé à cette
réunion, je personnifierai la marine dans la Bretagne, l'armée
dans le Dauphiné, la foi dans la Provence, puisque c'est sur son
rivage qu'aborda, avec Lazare, la vérité évangélique ; et, en
buvant à ces trois provinces, je boirai à l'union de l'ancre et de
l'épée, à l'ombre ou plutôt à la lumière et sous les rayons de la
croix ! (*Applaudissements.*)

Un dernier toast, dont le texte n'a pu être conservé, fut
porté par M. de Séranon au Comité d'initiative et à tous
ceux qui, pendant ces deux jours, avaient accepté l'hospitalité de la ville d'Aix.

Le repas était achevé à 9 heures et demie.

Ainsi se termina, au milieu de l'entrain et des sentiments
d'union qui ne cessèrent d'animer ses travaux, l'Assemblée
provinciale de Provence.

Convoquée dans le but d'opposer à la glorification des
idées de 1789 un exposé véritable de leurs conséquences et
de tracer le programme d'un ordre de choses plus conforme
aux principes essentiels et aux conditions actuelles de la

société, elle remplit utilement sa tâche et prit une place honorable dans le mouvement inauguré à Romans, poursuivi dans dix-sept provinces et clôturé par l'assemblée de Paris (1).

Ce mouvement ne fut par lui-même qu'un point de départ ; il appartient aux hommes de bonne volonté de lui donner une suite féconde par leurs efforts associés.

(1) Le cahier des vœux de la Provence fut porté à l'assemblée de Paris par MM. le Colonel de l'Eglise, le Comte de Villechaize, l'Abbé Pastoret, l'Abbé Reynaud, Louis Gibbal, le Comte de Sabran-Pontevès et Paul de Malijay qui se répartirent entre les quatre commissions formées à cette assemblée.

TABLE DES MATIÈRES

DEUXIÈME JOURNÉE

www.ingramcontent.com/pod-product-compliance
Lightning Source LLC
LaVergne TN
LVHW011000180726
843502LV00004B/1271